# いつのまにか、
# ギターと

村治佳織

主婦と生活社

# 言葉を届ける
## ——まえがきにかえて

こんにちは！　この本を手にとってくださり、ありがとうございます。クラシックギタリストの村治佳織と申します。

長い間、応援してくださっている方々、そしてこの本を機にお見知りおきいただく方々、皆様と本を通して交流させていただける、こんなにも素敵な機会が巡ってきて、とても嬉しいです。

私にとって初めてとなる書き下ろしエッセイなのですが、イメージとしては……肩肘張らずにカフェに座ってコーヒーを飲みながら、その時に頭の中に思い浮かんだことをのんびりとお話しする——そんなイメージで書き進めてきました。

いつのまにか、私の人生に現れて、長い間ずっと一緒に歩んでいる「ギター」「音楽」をひとつの軸にしながら、同時に、命を与えられてから40年以上経った中で思うこと、日々感じていることを、出来る限り自分の言葉にしてみました。最初から読んでいただいても、後ろからでも、途中の気になるところからでも構いません。読み方は自由にあなたのペースで。

いつものようにギターで奏でる音ではなく、言葉で、文字で、私の思いがどうやって皆さんの心に届くのか——。書いた者として、心からワクワクしています。そして皆さんの家の本棚に収まって、時折、読み直していただけるようなものへと育ってくれたらいいな、と思っています。

それでは、始まりです。

村治佳織

Contents

## *Part.2* 日々のこと 好きなもののこと

## Part.3 大切なこと　生きるということ

Part.1

# ギターのこと 音楽のこと

# 最初の記憶

覚えていないくらい昔――物心つく前の自分の姿を見るって、なんだかくすぐったいような恥ずかしいような、でも、あたたかい不思議な感覚になることはありませんか？

私の世代は、幼少期に家庭用のビデオカメラが広まっていった頃。だから、そんな「小さい頃の自分」の姿が、とても鮮明に残されていることが多いですね。村治家にも、私が３歳でギターを弾いている映像が残っています。

こんなふうにビデオでなくとも、写真も相当な数がアルバムに残されていて、それを見て育っているおかげ（弊害？）で、残っている記憶が「果たして〝本当の自分の記憶〟なのか？」なんて考えたりもします。

「じつは後から見た映像や写真で〝上書きされた記憶〟なんじゃないの？」

たしかにそう考えてみると、意外と、自分の記憶の境界線って曖昧なものかもしれませんよね。

「自分の最初の記憶っていつだろう？」と振り返ってみると、いつもたどり着く光景が私にはあるんです。夜中に目が覚めた時、自分の方は暗くて奥の明かりがついている部屋で両親が喋っている――というもの。特に何がという光景ではないのですが、いまも「見た」記憶があるんです。だから、それが最初……かなぁ？自信ないけれど（笑）。

私の姪っ子も4歳の頃に、こんなことを言いだしたことがあるんです。

「ワタシって赤ちゃんの時から耳がいいから」

私も周りの大人たちもびっくりしたのですが、たしかに自分の後ろから聞こえてくるような音にもよく気がつく子で、そのたびに私たちが、話ししていたんです。

「この子、耳がいいよね」

きっと、姪っ子はちゃんとその会話を聞いていたんでしょうね。そしてそれが記憶され、彼女の自己認識にも結び付いたのかもしれません。

そんなふうにして、

「私って恥ずかしがり屋かもしれない」

「負けず嫌いかも」

「人前に立つことが好きだなぁ」

と、「自分は◯◯な人」だと少しずつわかっていくことが、きっと「成長」と言われるもののひとつなのだと思います。

そう考えると、記憶ってすごいですね。

ひとりの人間をカタチ作っていく、源なのですから。

# ギターを弾く人

ギターにまつわる記憶を辿ってみると、ひとつの意識に行き着きます。

「……自分は〝ギターを弾く人〟なんだな」

私の場合、小学校に通いだす前にはすでに、そういう意識がありました。食事とかお風呂と同じように、毎日、当たり前のようにギターを弾くということが日常生活の中にあって。もっと言えば、生まれた時からすぐそばにギターがあって。0歳からギターにペタペタ触っていて、1歳で床に置いてあるギターの弦で遊んでいたんです。

子どもにとっては、その時与えられた環境がすべて——世界そのものです。父をはじめ、家族の誰かに言葉でそう言われた記憶はありませんが、繰り返される日常が、自分にとっての当たり前を形作っていくのは、私だけではなくて誰にとっても確かなことですよね。

「ご飯って毎日食べるんだな」

「家族みんなもご飯は食べるんだな」

「ギターも毎日弾くんだな」

「ギターはお父さんと私が弾くんだな」

母がギターを弾かないことも、何も疑問は持ちませんでした。それが村治家の日常でしたから。

2歳になると父の膝の上に座って、ギターを弾くようになりました。

右腕を、ギターの胴体上部からサウンドホール（丸く穴があいているところ）の部分に下ろして、右手の指で弦を弾く。一応ですが（笑）、それなりの形はできて、そこから今度は少しずつ左指を使って押弦ができるように。

3歳になると、ちゃんと左右両手を使って『かっこう』などの童謡を弾けるようになりました。

「ひとりで弾けた」のが3歳なので、私の公式プロフィールには《3歳より、父の手ほどきでギターを始める》と記述しているのですが、実際はこんなふうに生まれた時から、ギターは当たり前のように、いつのまにか、目の前にあったものなんです。子どもが言葉を覚えていくのとまったく同じ感覚で、私はギターを覚えていったのだと思います。

そしてもうひとつ、ギターを弾く中で認識していったことがあります。

「ギターは、誰かに聴いてもらうもの」

「ギターを弾くことは、嬉しい気持ちを感じさせてくれるもの」

そういう感情を味わわせてくれたのも、父と母が作ってくれた環境のおかげなんだろうと思います。

例えば誕生日。毎年私の誕生日には、祖母が家に来てくれてささやかな誕生日会が開かれることが村治家の恒例でした。

普通、誕生日会というと、みんなからプレゼントをもらって、ケーキが出てきて、バースデーソングを歌って、歌い終えたらローソク「ふーっ……」。これが正しい誕生日会の流れでしょう。

ところが村治家では、ケーキの前にギターです（笑）。

「はい、佳織！　ケーキの前にまず最初におばあちゃんにギターを聴いてもらおうね」

「曲は……最近練習している◯◯ね」

父に促されてギターを演奏するのです。

椅子と足台があれば、そこはすぐ舞台。

照明がなくても演奏者と聴き手がいれば、それはもうコンサートです。

一生懸命弾き終えると、祖母がそれをとてもほめてくれました。「上手だね」と、ほめられれば私も嬉しくて楽しい気持ちになります。

私の音をみんなが聴いてくれる。喜んでくれる。

そして、聴いて喜んでもらったらなんだか私も嬉しくなる——。

職業や仕事、プロという言葉を知るずっと前に、こんな素敵な感情と経験、記憶を、ギターと紐づけてくれたのは父と母でした。

## ユーワクに負けない

私の最初のギターの師である父、村治昇。

ヒツジ年です。

私が生まれる前からギター教室の講師だった父は、いまも現役。２０１７年には教授歴50年を迎えて、『村治昇ギター早期才能教育教室』を営んでいます。

「自分が〝本当にやりたい〟と思ったその時に、高いレベルに到達できているように」

という考えの下、私や弟を、そして教室に通ってくださるたくさんの若い生徒さんたちを育ててきた父。その思いは、少なくとも私のギター人生においては「実現した」と言ってもいいんじゃないかな、と思います。

父の言う「本当にやりたい時」にデビューもさせていただいたし、「もっと高いところでやりたい時」にヨーロッパでも演奏させていただけたというのは、「私も、それが実現できるレベルに到達できていた」ということになりますから。やっぱり私は環境に恵まれていたな、と思うんです。

父がギターに出会ったのは、18歳の時でした。この年齢はほかのギター奏者の方々に比べてもずっと遅いのです。

というのも、父はギターを始める前は、ずっと卓球少年だったから。卓球に夢中になっていたそうです。

でも、当時、顧問の先生が卓球経験者ではなかったので、練習方法も全部自分で考えなくてはなりませんでした。自分で考えながら練習をがんばり続けた父は、「あと1試合勝てば全国大会に出られる」というところまで強くなったそう。

ギターも、もうだいぶ大人に近づいてから始めたので、ほかの人よりも時間がありません。必然的に、上達のためにはとにかく効率のよい練習が必要でした。

ここで生きたのが、卓球少年時代の経験です。

父は独自に効率的で効果的な練習法を一生懸命に考え、がんばって練習、練習、また練習……。そうやって私をはじめ、多くの後進たちに教えることを仕事にできるまでに上達したのです。

卓球もギターも、父は相当がんばったに違いありません。

私が思うに、父が持って生まれた才能は、「自分で工夫してがんばれる」こと。

そして「そのがんばりを継続できる」ことです。


そんな父が、子どもの頃の私にかけてくれたのが、この言葉です。

「佳織、ユーワクに負けちゃいけないよ」

ユーワクとはもちろん誘惑のこと。学校で習うずっと前のことですから、ユーワク＝誘惑だということも、そもそも言葉の意味も知りません。でも子ども心に、「ユーワク」という音の響きに、「とっても良くないものなんだ！」とは感じていました。

たしかに父の言う通り。がんばりを継続するために必要なのは、数々の誘惑に心乱されないことです。甘く楽しい誘いをサッと振り払えて、ちゃんと断れる強さです。

その心の強さを手に入れるにはどうすればいいのか？

それは「夢中になる」ことです。

父が、誰も教えてくれなかった卓球や、誰よりも遅くから始めたギターをがんばれたのは、きっと「夢中になれた」からだと思います。夢中とは父曰く「〝好き〟を超えた感覚」だそうです。

「好き」という気持ちがとても強く純粋、とも言えるかもしれません。

父の「クラシックギターが好き」という気持ちがとても強く純粋ということは、私も子どもながらに感じとっていました。

「何がなんでも娘をギタリストにさせたい！」

「叶わなかった夢を娘で実現させたい！」

もしも父が、私にギターを手ほどきしながら心の中でこんなことを思っていたとしたら、もしかしたら私はギタリストにはなっていなかったかもしれません。

子どもは案外、親の下心的なものには敏感です。

「親の言いなりになんてならない！」

「私は私のやりたいことやりますっ！」

と、最初から反発するか、どこかまではがんばって、どこかで「こんなの自分の人生じゃないよ」と、ギターを放り出して自分で次の何かを探し始めたかもしれません。

ただ幸運なことに、私は少なくとも父からは下心や野心のようなものを感じたことは一度もありませんでした。

私がごく自然に、「ギターがあるのが当たり前」の幼少〜子ども時代を過ごすことができたのは、父のギターに対する思いの炎が、強いけれど、きれいな色だったからじゃないかな、と思います。卓球でもギターでも、決して恵まれていたとは言えない環境でがんばって腕を磨き続けた父だからこそ、思いは強くて澄んでいたのだ、と。

もしかしたら、「指導者がいない」とか「始めたのが遅い」とかその時はマイナスだったであろうことも、いま振り返るとプラスだったのかもしれません。こういうことって、たくさんありますよね。やっぱり、人生は巡り巡って続いていくものですから。まぁ、逆に最初はプラスに見えて飛びついたけれど自分にとってマイナスだった——みたいなこともよくありますけれど（笑）。

だからこそ、「ユーワクに負けちゃいけないよ」を大切にしたいな、と思うんです。

私も、ユーワクに負けない強さと純粋さを持っていたいと思うんです。

楽しく見える、いや実際楽しいことって人生に山ほどあるけれど、これからの私の40代、50代、60代、70代……にも大いに役に立っていく、おまじないのような言葉に育っていくかもしれない——そんな気がしています。

お父さんからもらったこの言葉、大事にするよ。

ありがとう。

# はじめの一歩

生まれてから15才までは、「ギターを弾く人」という意識はありましたが、ギタリストではありませんでした。

「私はギタリスト」

そういう意識が芽生えたのは、やはりプロになってから。

「学生」という意識ももちろんありましたが、「私」を占めている一番大きなものは、やっぱり「ギタリスト」だったんです。

その大きな転機になったのは、忘れもしません、１９９３年3月30日。

中学2年生（なんて懐かしい響き！）が終わった春休み期間中、14歳11か月で開催したデビューリサイタルです。

会場は、当時、ＪＲ千駄ヶ谷駅の目の前にあった津田ホールでした。

それまでにも、幼少期からたくさん人前での演奏経験は積んでいましたが、コンクールでの演奏やジョイントコンサートのみ。全編に出演するのではなく、自分の出番や持ち時間内で数曲――短ければ5分程度、どんなに長くても30分程度――演奏した経験しかありませんでした。

ところがデビューリサイタルでは、休憩を挟んで2部構成。演奏時間は90分ほどあったでしょうか。

そしてもちろん、出演者は私ひとり……！

当日、会場には500人以上のお客様が詰めかけてくださいました。

親戚や従兄妹、学校の友達。

ギターの先生、レコード会社の方々。

作家の井上ひさし先生はじめ、お世話になっている方々。

そして、たくさんのギターファンの方々。

客席は、わざわざチケットを買ってくださった方々で埋め尽くされていました。

〝いました〟と書きましたが、正直に言うと、その時の光景をはっきりとは覚えていないんです。

練習してきた成果をしっかり出すことで精一杯で、うす暗いバックステージから1歩、照明の当たるステージへと踏み出すと、もうお客様の表情を見る余裕なんてありませんでした。

それよりもとにかく、まず私の頭の中にあったのは、

「演奏……！　演奏……！」

先生から教わった表現や技術を忠実にステージで再現する。

練習を重ねて自分のものにしてきた、ということを表現する。

ギターを構えたら、考えることはせずそれだけに集中するのみ、という感じでした。

そんな中でスタートした演奏でしたが、「まったくミスなく」とは言い切れませんが私の記憶では、大きなミスなく乗り切れました。演奏を終え、楽屋で皆さんに挨拶をして、ようやく自宅に帰り着いたのは22時を回っていました。

「自分の中では完璧とは言えないけれど、みんな喜んでくださったから良かった……」

長い一日の終わり、そんなふうに思ったことを覚えています。

あれから25年以上経って、演奏家としても、人間としても、たくさんのことを経験してきましたが、プロとしてのはじまりの一歩は間違いなくあの日、あのステージだったと思っています。

大人になった私から、全力で前だけを向いていた、デビューリサイタルの時の私にひと言。

「おつかれさまでした！」

撮影当日、村治さんがスタジオに持ち込んだギターは、「コンサートやレコーディングでも愛用している」という３本のロマニリョスのうちの１本。村治さんの指先が動き出すと、まるで、音の細かな粒子が部屋中にあふれていくよう

うが効果的に聴こえたり、逆に、自分ではかなり力強く弾いたつもりでも、「もっと強く弾いてもやり過ぎではないな」と思えたりするんです。

例えば写真を撮られて、自分では笑顔のつもりでも出来上がった写真を見ると「……あれ？　思ったより笑ってないな」とか「顔の角度もイメージとなんか違うな……」とか思うことってありませんか？　それと同じようなことがレコーディングでも起きるんです。自分の部屋で、耳で直接、自分の演奏を聴いている時と、マイクというフィルターを通して聴いている時の微妙な違い。これは直接体験してみないとなかなかわからない感覚なんです。

「はっ！　そうだった！　マイクを通すとこれだけ表現方法も変わってくるんだった！」

いまだに、レコーディングのたびに気づかされることがあります。まぁ、次のレコーディングになると、以前の気づきをすっかり忘れているというだけなんですが（苦笑）。

さてゴールデンウイーク期間中に行った私の初レコーディングですが、大きなトラブルもなく無事に終わりました。その翌々日くらいには、また普通に学校に行きましたが、その初めての体験を友達に話したりすることも、たしかありませんでした。

そのレコーディングで制作したデビューアルバム『エスプレッシーヴォ』。いま聴いてみると、10代ならではのフレッシュさが音ひとつひとつにも音の流れにも表れているな、と感じます。

〈彼女の音は江戸前で歯切れがいい〉

故・井上ひさし先生がアルバムに、そう寄せてくださった言葉も宝物のように感じます。

まだ一度も日本を離れたことがない、ただの15歳でしかない私が淡々と粛々と、たくさんの大人の力を最大限に借りながら経験したレコーディング、そして生まれたアルバム。言葉で色々語るよりも聴いていただいたほうが早い！　ので（笑）、機会があれば、15歳当時の私の音も聴いていただけたら嬉しいです。

# 育て、育てられ

ホセルイスロマニリョスポールジェイコブソンセルジオアブレウハウザーラミレス……。

怪しげな魔術の呪文、ではありません（笑）。これらはすべてクラシックギター製作家の名前。句点を付けずにズラズラと書いてみたら意外と面白い。

ヴァイオリンだとストラディヴァリウス、ピアノならスタインウェイやヤマハなど、クラシックに詳しくない方々でも一度は耳にしたことがある、一般的にもよく名前が知られている名品やブランド、メーカーがあります。これらは多くの場合、その製作家の名前がそのまま楽器の呼び名やブランド名になっています。

クラシックギターはどうでしょう。

１８００年代に活躍し、〝ギター界のストラディヴァリ〟とも呼ばれているスペインの製作家、アントニオ・デ・トーレスが製作した超のつく名品もありますが、楽器を弾かない人にも知られているかというと……。そこまでのギターはなかなか見当たらないかもしれません。

いずれにせよ、クラシックギターもヴァイオリンと同じく手工品。アシスタントや見習いスタッフや弟子たちがサポートすることはあると思いますが、基本的にはひとりの製作家が数か月かけて丹精込めて1本1本、製作します。

現在、私が所有するクラシックギターは10本ちょっと。どのギターもお気に入りですが、中でも3本所有しているホセ・ルイス・ロマニリョスは特別なギターなのです。「育て」「育てられた」とでも言うのでしょうか。

「楽器を私が育てていく」

「楽器と一緒に私も育っていく」

こんな感覚を、私に教えてくれたのが、ロマリニョスだからです。

最初にロマニリョスのギターに出会ったのは高校2年生の頃。出会いの場所は京都でした。

ギターが大好きで、古いヴィンテージギターも日本の製作家の新しいギターもたくさん所有している知人の家に伺った時のことです。ズラリと並んでいるギタ

ーの中に、

「いた———‼」

もうひと目惚れ、だったんです。音を出す前に、文字通り見ただけ、で。

「まぁ素敵な方……」なんて人にひと目惚れするのと同じように、モノにもやはりひと目惚れすることってありますよね。

「なんか佇まいがいいなぁ……」

「なんとなくいい顔つきしてる……！」

そんなふうに言葉にしなくても、自分の感覚と目の前にあるモノとの間の「波長」がピーンと合う感覚。ロマリニョスは、まさにそんな第一印象でした。

１９７２年に作られたというのに、パッと見た印象や雰囲気は生まれたばかりというそのギターを手にとってみると、私の直感は正しかったとわかりました。構えた時点ですでにしっくりきてしまったんです。ギターを弾く私の姿勢に対して、ギターそのものの収まりが良いのです。

ギター選びって、どこか「お見合い」のようなもので、高価なギター、名品とうたわれるギターだからといって、かならずその弾き手に合うとは限りません。

それは、同じ製作家のものであっても、1本1本ギターの形が微妙に違うから。もちろん、胴体部分も左手指で弦を押さえる指板（ネック）も基本の形はある程度決まってはいるのですが、曲線の角度や素材の厚みなどは微妙に違うのです。見た目ではそれが微妙でも、実際に触れてみると大きな違いとして感じられるものなんです。そうなると当然、演奏にも影響します。

パッと見た目の相性は良さそうでも、いざ弾いてみると、

「……あれ？　私の手のサイズには少し大きいかな……」

「うーん……ちょっと合わないかな」

となってしまう場合も少なくありません。まさしく、お見合いなのです（笑）。

ところがこのロマリニョスは見た目通り、第一印象通りでした。

音を出してみると、透明感がありながらもしっかりと芯があって、

「……これはいい‼」

知人の目から見ても、そのロマニリョスと私の相性は、とても良かったそう。

すると、思いがけない提案をしてくださったのです。

「このロマニリョス、あなたに無償でお貸しします」

それもその日から！

「え⁉　こんな大事なギターを今日から貸してくださるんですか⁉」

「東京に持って帰っていいの⁉　しかもタダで⁉」

ギターに限らずヴァイオリンなどでも、このように所有者の方から楽器をお借りする「楽器提供」を受けることは決して珍しくありません。ストラディヴァリウスなどでは1丁数億円（！）するようなものもあり、これを演奏家個人が購入することはなかなか難しい。そこで、そうした名品を所有する方々が「演奏家に使ってもらいたい」と貸与してくださるケースがあるのです。

ただ、それは私にとっては初めての楽器提供の申し出でした。

「私は、なんて恵まれているんだろう（涙）」

そうして細かいことは考えずに申し出をありがたくお受けして、ひょいひょい東京へロマニリョスを連れて帰ってきてしまったのです。とにかく良いギターに出会えたことが、嬉しくて嬉しくて……。

驚いたのは両親です。

「こんな大切なものを誰から借りてきたの⁉」

そりゃあそうですよね。事前に何の相談もなく、急に私が高価なギターを持ち帰ってきたら。

「どういう考えがあってお貸しいただいたか？」

「本当に無償で大丈夫なのか？」

親としては心配になるのは当然です。

それでも、貸してくださった知人が「ギターが大好き」だということと、何よりこのロマニリョスが素晴らしいという自分の感覚を信じて説明し、最終的には両親も納得してくれました。

こうして晴れて村治家の一員になってくれたロマニリョスですが、ギターとしてはわりと新しい部類に入ります。

一般的に、作られたばかりのギターは「楽器として完成していない」と考えられています。塗装されたニスの匂いも残っていたり、音も十分ではありません。例えば、スニーカーも履き始めは「硬さ」を感じるように、楽器も新しいと音が硬いのです。この硬さがとれて、音がこなれてくるまでに早くても数か月、時には数年間も時間がかかることも。

ところが、この〝ロマニちゃん（いつからかそう愛称で呼ぶようになりました）〟は新品特有のニスの匂いもなく、その音の中にも、まるで私に弾かれるのをじっと待っていたかのような落ち着きを感じさせました。

よくよく話を聞いてみると、作られてから私の手元に来るまで20年以上の間、ギターコレクターの下で大事に保管されてきた1本だったそうで、その雰囲気の理由にも納得がいきました。

弾けば弾くほど、音の輪郭がしっかりしてくる。弦を弾いた瞬間の、音の立ち上がりが良くなってくる。まさしく、私が「育てている」という感じなのです。

ほどなくしてロマニちゃんは、私のメインギターとして、コンサートやレコーディングで使われるようになりました。

私の4枚目のアルバム『パストラル』から始まり『アランフェス協奏曲』『カヴァティーナ』『レスプランドール』『トランスフォーメーション』などで、ロマニちゃんの音をお聴きいただけます。

この1972年製ロマニリョスは、その後、貸してくださった知人から買い受け、名実ともに私のギターになりました。

私の〝ロマニ熱〟はそれだけでは収まらず、さらに1990年製も購入。さらにさらに、ロマニリョスご本人に製作をオーダーしてしまうまでに！　オーダーしたそのギターが村治家の仲間に加わったのは2001年のことで、以来、3本のロマニリョスを時々によって弾き分ける、という〝ヘビー・ロマニリョスプレイヤー（自称）〟になりました。

どの曲に、どのギターが合うか。

ひとりで弾く時。

ほかの楽器と一緒に弾く時。

すべて直感で選んでいくのですが、どのロマニリョスを選んでも、私はそれぞれを信頼しています。彼らはみな、私と同じ経験を共有してくれる同志のような気もしているのです。

「道具であって道具ではない」というのでしょうか。

寝食を共にする生き物にも近い感覚です。さすがに一緒に寝たりはしないですけれど（笑）。

同じ産地、同じシャトーのワインでも、作られた年によってまったく味が変わるように、同じ製作家でも作られた年代、使われた木の質、その頃の製作家自身がどんな音色を求めてそのギターを作ったか——によって音色は違います。もっと言えば、1本1本違うものです。これこそ手工品の良さ、ギターの良さだなぁって。

ロマニリョスが与えてくれた、こうしたたくさんの気づきや感覚のおかげで、それ以降やそれ以前に出会ったほかのギターにも、より愛着を持って接することができるようになりました。

これも、ロマニリョスに教えてもらった大切なことです。

# 「この一音」にこだわる

クラシックギターには何本の弦が張ってあるでしょう？　４本？　それはウクレレ。５本？　エレキベースに５本弦ってあるみたいですね。

基本的にギターは６本です。

本数だけでなく素材もギターの種類によって異なります。アコースティックギターやエレキギターの弦は６本すべてがスチール弦。対して、クラシックギターは１弦から３弦までがナイロン弦です。これは私もあとから知って「へえ！」と思ったのですが、釣り糸と同じ素材なんです。４弦から６弦は素材が変わって、ナイロン繊維にスチールが細く巻かれたものになります。フラメンコギターの弦も基本的にクラシックギターと同じです。

ギターを構えた時に、自分から一番遠いところにある弦を「１弦」と呼び、そこから順に２、３、４、５……と音程が低くなっていき最後は「６弦」となっています。ちなみに順に音程が低くなっていくのは弦の太さが変わっていくから。

1弦↓3弦、4↓6弦と、だんだん太くなっていくことで、弾いた時に出る音が低くなっていく、というわけ。

いずれの弦も消耗品です。たくさん弾けばそれだけ弾力がなくなってきますから、定期的に張り替える必要があります。どのくらいの頻度で替えるかは、ギタリストによってさまざまですが、基本的にはその弾き手の好み。数か月弾きこなしたスモーキーな音を出す弦が好きなギタリストもいれば、張りたてのフレッシュなサウンドが好きなギタリストもいます。

私は断然、張りたてフレッシュ派。音自体に張りがある状態が好きで、それにこだわりたいんです。

弾いていると、弦の変化が左右の指先の感覚で感じ取れるのですが、弦が古くなってくるとその感触が硬くなり、音の余韻が短くなってきます。それが私の張り替えのタイミング。もう30年以上も続けている定期作業ですから、テレビを見ながら張り替えても15分くらいあれば6本すべて終わります。

ただ、いくら張りたての音が好きとは言っても、さすがに全部の公演ごとに張り替えたりはしません。ゲスト演奏で15分とか30分の短い演奏が続いたような時は1〜2週間ずっとそのままの弦で通すこともあります。フル・コンサートの前にはすべての弦を張り替えますが、当日に張り替えることはまずありません。というのも、張り替えてからすぐに良い音が出るわけではないんです。

ピンと張られた弦がゆっくりと馴染んでいく時間が必要で、音程が落ち着くまでに最低でも5〜10時間くらいはかかります。中には、あえてコンサートの1週間くらい前に張り替えて、音を安定させるという弾き手もいるくらいです。

コンサートよりも、さらにその弦の音色の変化に敏感になるのがレコーディング。レコーディングの前には、かならず張り替えます。

目の前にマイクが立ち、録ったばかりの演奏を別室でプロデューサーとエンジニアと一緒に大きなスピーカーで聴く作業を繰り返す――という緊張感のある環境で、全員が神経を集中して聴覚を研ぎ澄まして一音一音聴いていくわけですから、ギターもベストの状態にしておかなければなりません。

以前は、いい音、フレッシュな音、張りのある音にこだわりすぎて、レコーディング期間中は「毎晩高音弦を張り替える」なんていうこともありました。ただ、これはこれで問題もあって。さっき書いたように音が馴染むまで時間がかかるので、翌日、午前中からレコーディングがあると音程が完全には定まっていなかったり、わずか数テイクで調弦をし直さなくてはならなかったり、細かい調整が必要となってしまってあまりよくありません。何より、集中して演奏と作業をするのでくたくたになって帰ってくるので、正直、夜はすぐ寝たい（笑）。それに、逆に張り替えてからふた晩経ったくらいの弦のほうが、音に安定感もあるのです。

それで最近は、例えば4日間連続でのレコーディングがあったとすると2日目の晩に全弦張り替える——ような感じで落ち着きました。

ことさらレコーディングにおいて、弦ひとつとっても私がいろいろ試行錯誤し続けているのは、その瞬間に生まれた音がアルバムや配信音源になっていくからです。

「いまの、この演奏が、聴いてくださる皆さんの元に届くんだ」

「その音が、もしかしたら自分の人生よりも長く、この世にずっと残っていくかもしれないんだ」

だからこそ、「この一音」への思いやこだわりは尽きることがないんです。

# 楽器に合わせる

「一日の練習時間はどのくらいですか？」

インタビューなどでそう聞かれることも多いのですが、記者さんだけでなく、じつは私自身もほかの弾き手の方々がどんな練習をどれくらいしているのか、とても興味があったりします。

実際に、音楽家の方とお話しする機会があると練習について尋ねてみたり、話題にのぼることもあるんです。まぁ、「どんな練習をしているんですか？」なんて、具体的な細かい練習法まで突っ込んで話を聞けることはそうありません。

それくらい練習量も練習法も、人それぞれだからです。

私の場合、練習時間は日によって違いますが平均3〜4時間。これはプロの演奏家としては短めかもしれません。もちろんレコーディング前や大きなコンサートに向けての練習であれば、6〜8時間くらいと延びることも。それとは逆に演奏が続いて、

「少し手を休ませたほうがいいな」

と思った時には、丸一日まったく弾かないこともあります。

演奏家であれば練習も仕事の一環。ですから、練習で培った音をそのまま本番で出せるようになるのはもちろんですが、「練習も本番」と思って、弾き手自身が練習を楽しむことができたら、理想です。

でもそれは「言うは易し、行なうは難し」。練習と本番をまったくの同じものだと意識しながら弾くというのは、プロでもやっぱり難しいことです。

私も子どもの頃は特にそうでした。小学校中学年の頃、毎日のルーティンだった「スケール」(ドレミファソラシドに代表される音階を弾くこと)や「アルペジオ」(右指4本を使い和音を素早く分散して弾くこと)といった基礎練習は「弾きたいこと」というよりも「弾かなければならないこと」でした。そういう思いでいると、楽しむことってなかなかできません。

「早く終わらないかなぁ」

「あー! 足がムズムズする!」

弾きながら、そう思っていたことを思い出します。いや、それでも、もちろんやりましたよ、ちゃんと（笑）。

ところが、大人になってプロになったいまは、そんな基礎練習でさえも楽しいのです。

もっと正確に言うと。楽しいというよりも、

「基礎練習の大切さがわかって、丁寧に取り組める（ようになった）」

というのかな。

長く弾いていくためには、演奏家は「楽器に体を合わせていく」感覚を常に持つことが必要不可欠です。

文字で説明するのがちょっと難しいのですが、「楽器が体の一部となって溶け込んでいく一体感」という感覚でしょうか。

どんなに抗ってみても、体は日々ベテランの領域へと順調に階段を昇っていく――まぁ、つまり老化していくわけですから（笑）、何もしなければ、楽器と体の距離感が出てしまうのは避けられません。

この距離感を合わせる際に基礎練習は有効なんです。基礎練習なくしては成り立たないと言っても過言ではないかもしれない。私が25年以上も舞台の上でギタ

ーを弾き続けられているのも、小学生の頃からの基礎練習の積み重ねがあってのものです。

いまも練習時間のうち1時間くらいは、先に挙げたスケール、アルペジオ、そして「セーハ」(左人差し指で複数の弦を押さえる技術)「スラー」(左指で弦をはじいたり、叩いて音を出す奏法)など演奏の型となる基礎練習を、右手指と左手指の両方、行っています。これらの教則本は父が書いたものですが、いまだに私にとってのバイブルです。私が80歳になってもまだギターを弾いているのだとしたら、基礎練習にものすごい多くの時間を割いたことになるでしょうね。

ソル、カルカッシ、ヴィラ＝ロボス、タレガ、リョベート……といったギターの名作曲家達が書いた「エチュード」を練習曲として日替わりで弾くことも立派な基礎練習になります。特に、技術的な面での練習に持ってこいなんです。

あ！　ソルやカルカッシのように、今度、私も自分で練習曲を作曲してみようかな？　そうなったら、練習がきっとさらに楽しくなる、はず。

# 正解はひとつじゃない

エレキギターやアコースティックギターなどは、見よう見まねの独学だったという方もいらっしゃるんじゃないでしょうか？　プロでも自分で独自のスタイルを築き上げている方は多くいます。

ところが、同じギターでもクラシックギターは、独学が難しい楽器なんです。演奏する上で大切にされている伝統――歴史の流れがあるため、それをまず身につける必要があるからです。

併せて、技術的にもかなり細かいものを要求されるということも独学が難しい理由のひとつ。自分の感覚のみを頼るのではなく、第三者の目と耳を通しての姿勢や弾き方のチェック、音などの音楽的アドバイスを受けるほうが良い場合が多いのです。中には「完全独学」という弾き手もいるかもしれませんが、自らその道を選んだというより、そういう環境だったから、ということのほうが多いんじゃないかな。

だから、クラシックギターでは「教わる」ことが大切になります。

教わることもまた、練習と同じように演奏家それぞれスタイルがあります。

これまで何度か書きましたが、私の最初の先生は父でした。幼少期から10歳まで父にギターを習っていましたけれど、その頃は当然ですが、ギターに対する自分の考えやスタイルなんてありません。ただただ言われたまま、教わるままに実践する毎日でした。

10歳から18歳まで8年間も、どちらかと言えば、レッスンで先生から教えていただいたことを、「自分の中に取り入れる」「自分の表現になるまでひたすら反復する」ことが練習の最大の目的だった気がします。

8年間師事した日本を代表するギタリストのおひとりである福田進一先生は、ご自身が当時すでに第一線で演奏家として活躍されていました。レッスンもエネルギッシュ。1~2時間のレッスン中、次から次へと湧いてくるアイデアを私に提案してきます。

「ここは、こんなふうに――」

「もっと前へ――」

「指使い、変えたほうがいいかな――」

「チェロの音のように――」

私はそうしたアイデアやリクエストに反応していく――この繰り返し。集中力が途切れることもなく、本当に楽しいレッスンだったなぁ……。

「村治さんは演奏スタイルが先生に似ていますね」

この頃までは、私のギターを聞いた方から、そんなふうに言っていただくこともありましたが、当たり前と言えば当たり前です。間近で真剣に先生の弾き方を見て、聴いて、取り入れていくのですから。


ただその一方で、年齢が上がってくると教わりながら自分で考えるようにもなるんです。

例えば、楽譜に指示されていない部分に関しては多少のテンポの早い遅い、メロディの歌わせ方も自由。ですから、

「あれ？　先生は先週のレッスンではこう仰っていたけれど……今週は違うの？」

なんていうこともあるのですが、それがかえって私には良かったんです。

「そういうものなんだな……！」

「ここは自由でいいんだな……！」

そう自分なりに解釈できて、結果的に演奏の幅が広がっていきました。

さらに10代後半になって、ステージでの経験が増えていくと、先生の表現を聞いていても、それとは違った表現が頭をよぎったりすることも。

「私なら……もう少し違う表現をするかなぁ……」

結局は先生の指示される表現のほうがスムーズで正しい気がするのですが、でも、自分でそう感じたり考えたりすること自体が大切なんです。それが、いまの私につながっているなぁとも思うのです。


私は小学生～高校生の8年間、そうやってほとんどひとりの先生にどっぷり教えを請う道を歩みました。

その良いところは、迷うことなく集中してひとつのスタイルを吸収していけること。乾ききったスポンジのように。先生の放出されるエネルギーと私の受け取るエネルギーの波長が合っていたのかな。良いタイミングで魅力全開の師に出会えました。こうしたスタイルもひとつの「教わる」道として、おすすめできます。

でも少し注意が必要なのは、この道がどんな人にとってもベスト、ではないということ。

ある程度まで――そもそも「ある程度」がどのくらいかも難しいところですが、例えば高校生くらいまではひとりの先生の下で勉強して、その後は、自分で色々調べたり考えたりすることもとても良いこと。そうやって、多くの先生の教えに接してみるのも、またもうひとつの道です。私自身も福田先生の下を卒業したあと、数々の素晴らしい先生方に教わりました。

だから、「教わる」とひと口に言っても、実に奥が深いですね。

結局、正解は自分の中にしかありませんから。

# 乗り越えられない試練は

それは突然で、何の前触れもありませんでした。

２００５年10月のその日は、愛知県でのリサイタル当日でした。

〝異変〟を感じたのは朝。宿泊先のホテルの洗面所で歯ブラシを取ろうとした時。

「……ん？　あれ？」

「……え？　動かな……い……!?」

右手の手首から先の５本の指がまったく反応しません。力が入らないのです。

寝方が悪かったのかと思いきや、痛みや痺れはありません。慌てて動く左手で蛇口をひねって右指で水を触ってみると、「冷たい」とちゃんとわかります。「冷たい」という感覚はあるのです。

でも、一切動かない。

「何コレ!?　何コレ!?　どうなってるの!?」

怖くなった私は、一緒に名古屋入りしていた父にまずは相談しようと思いました。部屋の電話の受話器を左手でとって右手で番号を押す……ことができません。指はピクリともせず、曲げることもできない。手首から先の手の甲と指はその先にダランとぶら下がっているだけ。

腕から手首までは伝わっている力を、そんな状態の指先になんとか伝えて番号を押した時の感覚と記憶は、いまもかすかに残っています。

「お父さん、おはよう。あの……なんか手首から先が曲がってまったく動かないんだけど……」

「え？　そうなの⁉　痺れてしまったのかもしれないから、まずお風呂に入ってみたら？」

電話を切った私は、父のアドバイスに従って湯船にお湯を溜め始めたのですが、ここで確信しました。

「これはただ事じゃないぞ……」

最初に異変に気づいてから数分間が経っていましたが、手の状態はまったく戻っていません。痺れただけならとっくに回復しているはずです。

お風呂に入るまでもなく、すぐにスタッフに連絡すると、マネージャーが慌てて朝から診療している鍼灸院を探し、連絡を入れてくれました。知らせを聞いた母も、すぐに東京から名古屋まで駆けつけてくれました。

その時、私の頭に一番最初によぎったことは、

「今日のリサイタル、キャンセルになってしまうのかな……」

それまで私はデビュー以来一度も、コンサートをキャンセルしたことがありませんでした。悪いコンディションでステージに上がったこともないくらい、心身の健康には恵まれていました。

「呼んでくださった主催者の方、楽しみにしてくださっているお客様に申し訳ない……！」

「どうにかがんばって指が動くのなら、なんとしてでもステージにも立ちたい……！」

でも、本当に右手が「1ミリも動かない」のです。朝9時頃には鍼灸院の先生の診察を受けました。

「……症状から考えて、これは神経麻痺の可能性が高いですね」

肩から腕、手、指先にかけて通っている橈骨《とうこつ》神経、そこから枝分かれした後骨《こうこつ》

間《かん》神経が圧迫やケガ、筋肉の酷使など何らかの原因により障害を起こしたために手や指が動かなくなるというもので、

「今夜までに動くようになる、ということはまずないでしょう」

覚悟していた通り、先生の見立ては良いものではありませんでした。

ただ、続けてこうおっしゃったのは、救いでした。

「人によってスピードはそれぞれですが、かならず治りますよ」

私はその言葉をすぐに飲み込み、信じることができました。悪いことの中でも「良いこと」「ポジティブな部分」だけを、自分にとってより大事なものとしてとらえることができたから、です。「動かない」ことよりも、「いつかは動く」「じきに治る」ことに自分の心と頭をフォーカスできたのです。

痛みがまったくなかったというのも、ポジティブなメンタルを保っていられたひとつの理由です。痛みがあると、それを我慢するだけでも神経を使いますから。

リサイタルをキャンセルし、見事なまでに動かない右手とともに、その日の夕方、東京に戻りました。

あまりにも突然で予想もしない出来事で、もちろん大きなショックではあった

のですが、それでも私自身はどこか冷静でした。涙を流したりということもありませんでした。少なくとも、

「このままギターが弾けなくなったらどうしよう……」

「これからどうしたらいいんだろう……」

と、うろたえたりはしなかったですし、かといって必死に冷静さを保とうとしていたのでもありません。

「これからたくさんの方々にご迷惑をかけてしまうからこそ、私はしっかりしていないといけない」

ただただ、「しっかりしなくちゃ」という気持ち。

それが芯となって私自身を支えてくれていたのです。

東京へ戻るやいなや、私は「回復へ」「治すことへ」と行動開始しました。

事務所のスタッフがすぐに評判の鍼灸師さんを紹介してくれ、その日のうちに先生に自宅に来ていただいて鍼治療とマッサージを受けました。東洋医学には大変お世話になりました。

もちろん西洋医学の力も借ります。翌11月、演奏家の手をたくさん診察されている整形外科の先生にも診察していただいて、改めて「橈骨神経麻痺」と診断されました。

鍼とマッサージと並行して病院のリハビリテーション科にも通い、治癒に効果があるビタミンB12も飲む毎日を続けていると、ピクリとも反応しなかった手先が本当に少しずつ——感覚的には0・001ミリくらいずつ、動くようになる感覚が出てくるようになりました。

麻痺は薄皮を剥がすようにほんの少しずつ改善していき、3か月後には、ギターを弾けるまでに回復していました。もちろん完璧に治ったわけではありません。手首だけで手と指全体を支える力は、まだ戻っていない状態でした。それでも、

「ギターを弾ける！」

というところまでしっかり戻ってこられたことは素直に嬉しかったですし、やはりホッとしました。コンサートのスケジュールは先までずっと詰まっていました。つまり、それだけたくさんの方々が、私の音を待っていてくれている、ということ。心待ちにしてくださっている方々のために、そして私を支え励ましてく

れたスタッフや家族、周りの人たちのためにも、これ以上、キャンセルを増やしていくことはできません。

年が明けた2006年1月、ついに活動を再開させることができました。

復帰初の仕事は、私が中米・コスタリカを訪れ現地で演奏する、というテレビ番組の収録でした。想像をはるかに超えるコスタリカの自然の雄大さ、木々の緑、表情豊かな動物たち……。生命力にあふれたこの旅は、必死にがんばった3か月間への、神様からのちょっとしたご褒美だったのかもしれません。

2011年に、またしても右手の橈骨神経麻痺になってしまい、再び休養を余儀なくされるのですが、それも乗り越えることができたのは、この時の経験と、出会ったこの言葉があったから。

「神様は乗り越えられない試練は与えない」

どんな苦しいことも、悲しいことも、つらいことも、一生懸命向き合えばきっと乗り越えることができる。私は、ずっとそう信じています。

# 人生は楽しむもの

♪タララーン　ターラー　ターンラ　タンタン　タララーン♪

ここだけで曲名がわかったあなた。天国のロドリーゴもきっと喜んでおられるでしょう。

これはスペインの作曲家でありクラシックギターという楽器の地位を確立した、ホアキン・ロドリーゴ作曲の『アランフェス協奏曲』第2楽章冒頭に出てくるメロディです。

オーボエがこのメロディを奏で、引き続いてギターが同じメロディを繰り返し、聴き手を哀愁の世界へと引き込んでいくこの協奏曲。アメリカのジャズトランペット奏者マイルス・デイビスがアルバム『スケッチ・オブ・スペイン』に第2楽章のメロディをアレンジして収録したことでクラシック以外の音楽ファンにも広く知られました。同じくアメリカのピアニスト、チック・コリアの楽曲『スペイン』でも冒頭に取り入れられています。日本では、その曲を、われらが〝あーや〟

こと平原綾香さんがレパートリーに加えられていたり、中学の音楽の教科書でも取り上げられていたりと、いまや世界的に有名なメロディのひとつと言っても過言ではありません。

そもそも「ファ#」と「ミ」たった2つの音の組み合わせ「タララーン♪」で多くの人が、「あの曲だ！」と想像できるって、すごいこと。それだけ素晴らしい曲なんです。

もちろん私も大好きな曲のひとつ。16歳で初めてオーケストラと共演して以来、演奏回数は100回近くにも及んでいます。何度弾いても、飽きることがありません。

ロドリーゴは1901年11月に生まれ、1999年7月に97歳で亡くなったのですが、彼にはひとり娘のセシリアがいます。「人生を楽しむ」というこのコラムのタイトルにした言葉は、そのセシリアから贈られた言葉です。

私がセシリアと初めてお会いしたのは1998年のスペイン・マドリッド。あと3か月で20歳になるという時に、ロドリーゴに会える機会に恵まれたのです。

私を密着取材していたテレビ番組『情熱大陸』のチームの皆さんと一緒に、です。『情熱大陸』では、私のパリ留学中の様子を取材してもらうことになっていたのですが、ちょうどそのタイミングで、お会いできるとは夢にも思ったことがなかったロドリーゴ本人からお手紙をいただいたのです。

その瞬間に、私の頭の中に閃いたのです。

「これは……ロドリーゴに会えるまたとないチャンスなんじゃないか？」

お会いできるのなら、なんとしてでもお目にかかりたいと思いました。取材スタッフさんも興味を持ってくれる、という予感もしました。

「ロドリーゴに会いにスペインへ行きたいと思うんですが……」

というアイデアを伝えると、スタッフの皆さんも賛成してくれ、あれよあれよという間にスペイン行きが決まってしまったのです。

「熱い気持ちがあると、物事の流れが変わる！」

「人生、思いついたら自分から動くことも大事だな！」

想いは通じるんだ——いや、通じることもあるんだということを、10代最後に体感できたのはとても貴重でした。

あふれる思いをなんとかコントロールしながら、ついにロドリーゴの自宅を訪ねた時、最初に迎え入れてくれたセシリアの笑顔。そして、ピアノの横に座っていたロドリーゴの存在感。目の前で演奏した時の独特の空気感……。

すべてが特別でした。

いまだったら涙ポロポロなのですが、20歳の頃って我慢しちゃうんですね、泣くのを（笑）。私、まだまだ固いつぼみのままだったんです。人前で泣ける自分ではなかったんです。

「……カメラが近くにいて泣けないよぉぉ……！　親の前でも泣かないのに……！」

若かったなぁと思います（笑）。でも、感情に身をまかせなかった分、この時の光景や印象をいまもすべて途切れず記憶できているので、それはそれで良かったのかな……。

セシリアは出会い以来、ずっと私のことを気にかけてくれて、メールでの交流を続けていたのですが、数年後、何度か再会する機会に恵まれました。２００１

年、『アランフェス協奏曲』を映像化する企画が持ち上がったのを機に、私の中でまた閃きが生まれました。

「そうだ！　マドリッドで生活してみよう！」

スペイン、そしてマドリッドの街が大好きになっていたからです。ＤＶＤ撮影に合わせて、その前後の３か月間、ホームステイをすることにしたんです。

その間、セシリアが撮影見学に来てくださったり、食事に招いてくださったり。２００３年に、やはりロドリーゴ作曲の『ある貴紳のための幻想曲』をスペインで３回ほど演奏できることになった時も、セシリアが一緒に来てくれました。

ハビア、ガンディア、モンセラートの３つの街を回るという、ちょっとしたツアー気分。そうなると、観光もしたいけれど、やはり大事なのはコンサートです。滞在先のホテルでは部屋にこもって夜もギターの練習をしていました。きっと部屋の外にその音が漏れていたのでしょう。翌朝、朝食の時にセシリアが私にこう言ったんです。

「カオリ、そんなに練習しなくても、もう十分弾けているじゃないの！」

「あなたは小さい頃からたくさん練習してきたんだから、これからは時にはギターを忘れて、人生を楽しむ時間があってもいいのよ」

それまでの私は、「もっともっといい表現、より素晴らしい演奏を目指す」ということを常に持ち続けることこそ、演奏家として一番大事なことだと考えていました。そんな私にとって、「ギターを忘れる感覚があってもいい」というセシリアの言葉は新鮮な驚きでした。

「そんなこと、一度も言われたことないよ!?」

最初はそう思ったのですが、言われてみるとたしかに、私の中に「人生を楽しんでみたい感覚がある」とハッとしました。

ごくごく自然な流れで、がんばることが当たり前な環境に身を置くようになって、ギターの腕を磨き、ギターで表現する道を歩んできた自分。ギターをがんばってこなければロドリーゴにもセシリアにも会えていません。でも、がんばりの先に立っていたそのセシリアが、

「ギターだけがんばらなくてもいいのよ」

「人生も楽しみなさい」

と言ってくれたこと。いま振り返ると、私への大きなプレゼントだったと思い

ます。

当時私は25歳。「ここ以外ない！」という絶妙なタイミングで、セシリアはこの言葉をかけてくれたなぁと思います。これより前でも後でも、私には彼女の言葉が響かなかったに違いありません。早くに聞いていたらきっと怠けていただろうし（笑）、年齢がもう少し上だったら、

「そんなこと言われても変えられないよ」

なんて、軽く聞き流していたでしょう。心に響いたのだから、それを取り入れてよい時期だったんじゃないかな、って。

もちろん、「じゃ、人生をどんどん楽しんでいくか」と急に変われたわけではなかったのですが、「がんばり過ぎない」ことの大切さ——長い人生を味わって楽しむためのヒントをくれたこの言葉は、いまの私を形作ってくれているとても大切なものなんです。

# 私にとって「好き」を超えた特別な一曲

『アランフェス協奏曲』は、スペインの著名な作曲家であるホアキン・ロドリーゴが1939年に作曲したギター協奏曲。中でも第2楽章は美しい旋律で広く知られ、マイルス・デイビスをはじめ多くのアーティストの手によって編曲、カバーされている

# 一番気を使う「弦」と「爪」のお手入れ

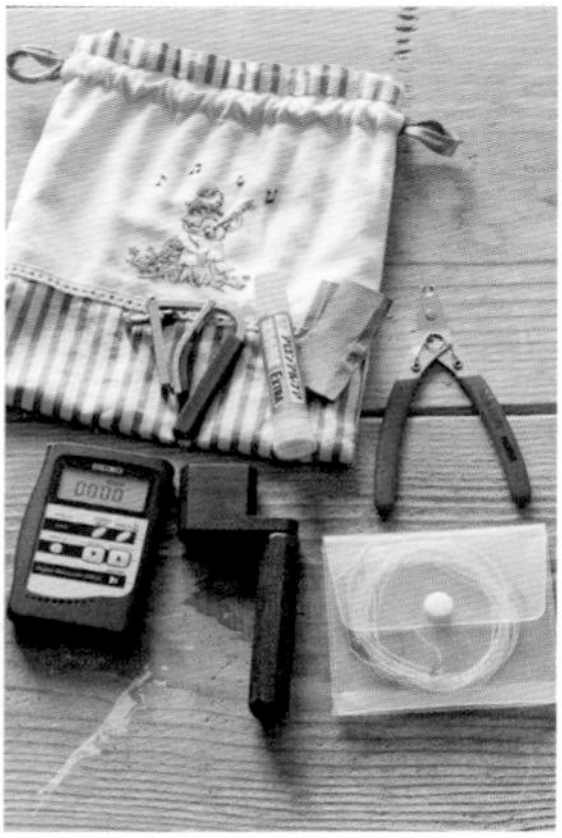

弦の張り替えに使う道具（写真上）。右手の爪は、微妙な長さ調整が必要なため「切らずにヤスリで削る」。アロンアルファは何と爪に直接塗って爪の保護に使うそう！（写真下）

# ラジオの仕事が「新しい出会い」を運んでくれる

MCを務めるJ-WAVE『RINREI CLASSY LIVING』はゲストを迎えてのトーク番組。「毎週のように知らない世界のことに触れられて、とても刺激的で貴重な時間です」

## 素敵な「まさか」

20代前半だったでしょうか。ある時、親友がこんなことを言うのです。

「父が、〝佳織ちゃんの声っていいよねぇ〟って言っていたよ」

それまで一度だって「いい声」なんて言われたこともなく、まったく意識していなかった「私の声」を意識したのはその時が初めてだったと思います。

ちなみに、その親友のお父様というのが、写真家の操上和美さん。長く第一線で活躍を続けていらっしゃる、もう本当にカッコいい方なんですが、写真家という目を第一に使う仕事をしていらっしゃる方に、声のほうを褒めていただくって「なんか不思議だなぁ」って（笑）。

ところが、やはり操上さんの感覚に引き寄せていただいたかのように、それから数年後、FMラジオ局のJ-WAVEさんから、

「ラジオ番組のナビゲーターをやってみませんか？」

というオファーをいただいたんです。

本物のラジオ番組と比べるのも申し訳ないですが、小学生の時、一度だけ放送委員になったことがありました。

給食を早めに切り上げて放送室に向かい、「これから、お昼の校内放送を始めます」とアナウンスした記憶はかすかに残っているのですが、恥ずかしさのほうが強くて「楽しんだ」という記憶がないんです（苦笑）。

そんな私が、ラジオのナビゲーターです。


いまでも、覚えているなぁ……。大好きなホールのひとつである紀尾井ホールでのコンサートのあと、舞台裏にそのラジオの担当者の方々がご挨拶にいらっしゃって。

その時点で、お仕事をお引き受けすると決めていたのか、まだ決めかねている段階だったかははっきり覚えていないのですが、これからお仕事をご一緒するかもしれない、ラジオという私の知らない世界にいる方々との新しい繋がりや出会い――まさに「未知との遭遇」がそこにあることにワクワクしたことだけはたしかです。

それから間もなく、私は『Classy Café』という番組のナビゲーターを務めることになりました。

このナビゲーターを約5年間担当させていただいた後、新しくスタートした別の音楽番組を担当させていただいていたところで、大きな病気が発覚。番組関係者のみなさんに、きちんとご挨拶できないまま休養に入ってしまいました。それがずっと心残りでした。

そんな思いを抱えていた2016年、アルバム『ラプソディー・ジャパン』を発売する時に、J-WAVEの皆さんが特番を作ってくださったんです。

番組収録のために3年ぶりに訪れた、六本木ヒルズ33階のスタジオ。フロアでは、お世話になったスタッフの皆さんが、次々にご挨拶にきてくださいました。

「なんて優しい人々に囲まれているんだろう……!」

「嬉しい……もう、嬉しすぎる……!」

凝り固まっていた心が、柔らかくなっていくのを感じました。

あの時の嬉しさは、いつまでも覚えていたい。

いま担当している番組、『RINREI CLASSY LIVING』が始まったのは2017年4月のこと。毎回ゲストをお迎えして、私がお話しを伺うというトーク番組です。

MCとして、ゲストの方の世界や面白さをリスナーのみなさんにも伝わるように上手に引き出すのは、私にとっては決して簡単なことではありません。収録後、「質問しきれなかったかなぁ……」とか「もう少し違う表現ができたかなぁ……」と思うこともたびたびです。ただ正直に言うと、反省の回数より5万倍（笑）は「楽しい！」と感じる回数のほうが多いんです。

私が味わっているこの「楽しさ」を、聴いてくださるリスナーひとりひとりにお届けする——そんな意識でいます。

お昼の放送でもあっぷあっぷしていた放送委員が、いまではゲストの方々との、おしゃべりのセッションを心から楽しんでいるなんて。

人生には、こんな素晴らしい「まさか」もあるものなんだなぁ……。

# 気持ちの居心地

演奏の依頼は、プロにとっては本当にありがたいものです。

いくら「私はプロのギタリストです」と言ってみたところで、「弾いて欲しい」というご依頼がなければ弾くことができませんし、生活もできません。演奏だけでなく、メディアへの出演オファーも同じように大切です。

お仕事を考える上で、いつも私が一番大切にしていること――ファーストプライオリティは、「気持ちの〝居心地〟が良いか」「ポジティブか」ということです。お話をいただいた時、少しでも不安に思うようなら、お引き受けしないようにしています。

もちろん、お断りするものすべてがそうだったわけではなくて、スケジュールの都合で泣く泣くお断りせざるを得ないことのほうがずっと多いのですが。

「私なんかでいいのだろうか……?」

「私に務まるかしら……?」

こんな考えが頭をよぎると、

「〝私なんか〟なんて自分を卑下するのは良くないよ」

「〝務まるかしら〟と思っているくらいなら、お引き受けしないほうがいいよ」

そう自分自身に言葉をかけてみます。そうやって全力で自分のネガティブな気持ちを修正します。すると大抵のことは「やってみたいな！」と思えちゃう。

そうやっても、どうしても不安な気持ちが拭い切れないお仕事は、お断りする。

こうしておくことで、先方に受諾のお返事をする時には、きちんと心が整ってポジティブな状態になっているんです。

「本当にありがとうございます」

「私にご依頼いただけたのであれば喜んで」

これは、デビュー以来ずっと変わっていない私のポリシーかもしれません。

特に、休養期間後にお引き受けしてきたお仕事は、こんなふうに本当に私が「やりたい！」と思ったものばかり。お話しを聞いた瞬間に、「わぁ嬉しい！　ぜひお引き受けしたい」と思うことも数え切れないほどありました。

2014年の映画『ふしぎな岬の物語』テーマ曲の演奏。

2015年は、長崎五島列島を巡るNHK・BSプレミアム『祈りと絆の島にて～村治佳織　長崎・五島の教会を行く～』への出演。李京美さん、マカロフさんとのソウルでのコンサート。いわさきちひろさんをめぐる公演での演奏。

2016年、ヴィオラ奏者のリチャード・ヨンジェ・オニールさんと韓国でのデュオコンサート。3年振りとなったアランフェス協奏曲の演奏を、小林研一郎さん指揮で東京フィルハーモニー管弦楽団とご一緒させていただく。アルバム『ラプソディー・ジャパン』の制作。ピアニスト・谷川公子さんとのコンサート。『題名のない音楽会』への久しぶりの出演もありました。

2017年はJ-WAVEのラジオナビゲーターに復帰。

2018年、アルバム『シネマ』の制作。

2019年、年明け早々のアランフェス協奏曲の連続4日間演奏から始まって、水戸芸術館リサイタルに、みなとみらいホールでの2回シリーズ公演。そして、初のサントリーホール大ホールでのソロ・リサイタル……。

ここに書き出したのはほんの一部ですが、ひとつひとつすべてのお仕事が私に力をくれました。そしてまた、聴いてくださった、見てくださったお客様ひとりひとりにも、きっとパワーを届けられたと信じています。

私のこの方法が一番いい、と思っているわけでは決してなくて。多少不安があってもそれをモチベーションとしながらチャレンジすることで、過程そのものが自分の自信となり、最後にはすばらしい結果を生むことだっていくらでもあると思っているんです。

大切なのは、「自分自身の心の特徴」を知ること。

物事の判断基準や進め方は100人いれば100通りです。その中で、「私はどんな方法にフィットしているのかな?」と試行錯誤をしながら、自分自身が「居心地いいな」と思える場所を見つけておくことで、自分の中にいつでも戻れるホームを作る、というのでしょうか。ブレない軸を持つ、というのでしょうか。まぁ、言ってみればただのマイペースなのかもしれませんね(笑)。

ただ、この完璧なまでのマイペースを貫けたのは、信頼するマネージメントチームのおかげ。これからも心から信頼するチームとともに、ひとつひとつのお仕事という「種蒔き」をしっかりしていきたいな、と思います。

そして、それを聴いていただく、見て、読んでいただくことで、皆さんひとりひとりに「収穫」していただけたら――。これからも、そんな実りあるお仕事をしていきたいと思うんです。

「ホントの村治」を知る！　親友クロストーク①

## 同級生3人組×〝かっちゃん〟こと村治佳織

# 〝天才ギター少女〟の青春

私立の女子校に通っていた村治さん。
その中高時代の仲良し3人と緊急女子会を開催⁉
学校生活の様子から恋の話、いまだから話せる暴露話まで、
誰も知らない村治さんの青春時代爆笑エピソードを
たっぷりお届けします。

## 気配を消していた天才少女

**康** 中学2年生の時だったかな？　最年少ですごい賞を取った時に、受賞の祝賀パーティに招待してくれて。覚えてる？

**村治** うん。覚えてる、覚えてる。

**康** 行ったらさ、こんなでっかいカニが出てきて！

**村治** カニ？（笑）

**康** こんなでっかいのが飾られたよね？　会場にさ！　もう、かっちゃんとの思い出っていうと、そのカニをドーン！　と最初に思い出すよね。

**3人** あははは！　何それー！（爆笑）

**康** その時、カニ見て初めて「あ、かっちゃんって、すごい子なんだ……」ってわかったんだよ。学校では、すごい人だっていう感覚は全然なかったから。

**河野** あ！　でも、その賞を取った時に、学校のチャペルで演奏してくれたよね……?

**村治** うん。1度だけ学校で演奏したの。

**島田** そうそう！　みんなの前で弾いてくれて。私と貴ちゃんはかっちゃんとクラス違ったけど。

**村治** その後CD出したり……あ！　それで忘れもしない！　私の初めてのサインを……。

**島田** そう！　どうやら、私がもらいに行ったらしくて（笑）

**河野** え！　そんなことあったんだ!?

**村治** ホントだよ。休み時間に違うクラスからターッとやってきて、「かっちゃん、いますか?」みたいな感じでさぁ。「ここにサインください！」って手帳開くから、恥ずかしくて隅っこに書いたよ。

**島田** ……そんな気もしてきた（苦笑）。

**島田佳代子**さん
フリーライター。スポーツ誌を中心に、ビジネス、映画など多方面で執筆活動中。

**康《こう》 朝美**さん
株式会社ＪＥＡＮ代表。沖縄県宜野湾市内と那覇市内にてセレクトショップを経営。

**河野**　かよりん積極的だねぇ。

**康**　グイグイ行くね。さすがライター！　その頃からもう。

**全員**　あはは（笑）

**島田**　かっちゃん、その頃から、もうテレビに出てたりしてたよね？

**村治**　タモリさんの『音楽は世界だ』とか、黒柳徹子さんの『徹子の部屋』とか高校生の頃に出させてもらったかな。数えるぐらいだけどね。

**河野**　そんなことなかったよ。『ニュースステーション』とかも出てたし、CMも。

**康**　でも、「あ、かっちゃん出てる」ぐらいで、学校中がザワついたりとかはなかったよね。

**島田**　かっちゃん、大人だったもんね。

**河野**　そうそう。「見たよ」とか言っても、「ありがとう」みたいな。

**村治**　「見たよ」っていう人はひとり、ふたりしかいないから……。

**河野貴子**さん
邦楽囃子演奏家。梅屋貴音の名で、演奏会や日本舞踊公演など国内外で活躍中。

**島田**　そんなことなかったよ。みんな見てるんだけど。あえて伝えには行かないという。

**村治**　いま思えばすごくいい環境だったね。そういう意味では静かにしておいてくれて。

**河野**　「キャーッ！　佳織センパイ！」とか、たまにあった？

**村治**　ないないない（笑）。

**康**　誰かひとりが、サインをもらいに来たぐらいだよ。

**全員**　あははははは‼（爆笑）

**村治**　私よりもみんなのほうが華やかだったしね。

**河野**　そうかも。かっちゃんは確かに、ひっそりしてた。賞を取ってからは特に、「目立っちゃいけない」みたいな感覚が、もしかしたらあったのかもしれないよね？

**島田**　大人だったよね。落ち着いてた。学校自体がね、あんまり芸能活動とかを良しとしていない学校だったしね。

**村治**　そうだねぇ。私のギターは「芸能活動じゃない」ということで、許してもらえてたんだけど、それでも、極力、学校では控えめにしてましたね。意識して、目立たぬように。「これは静かにしておいたほうがいいな」って。でも、校長先生がものすごく理解があった方だったので。

**島田** いい先生だったよねぇ！　たしか、聖書の授業を受け持ってくれてたよね。

**村治** そう。本当に芸術にご理解があって、その校長先生がいらっしゃったから、学業と両立できたなって。

**康** かっちゃんは部活も入ってなかったもんね。

**村治** 帰宅部です。

**島田** 毎日練習、あったもんね。

**河野** そう言えば部活じゃないけど、かっちゃん、体育の授業でも

**村治**　跳び箱だけはやらなかったもんね？

**河野**　え⁉　やらなかったっけ、私？　やったんじゃない？

**村治**　そう。私、それすごい覚えてる。「跳び箱は爪を割るから危ない」って。同じ理由でバレーボールもやってなかったかと……。

**康**　……あぁ、多分コンサートの近くになると、そういうことをやらないとかしてたのかも。でも、まったくやらないわけじゃなくて普段は普通にやってたよ。

**村治**　修学旅行は行かなかったよね？

**康**　修学旅行のすぐ後に留学先のフランスの音楽学校の試験があったから、練習しなくちゃいけなかったんだよね。それに、修学旅行がたしか5日間くらいだったんだけど、その頃って、もう本当に「毎日絶対に弾かなきゃ」って思っていたから、5日も6日も弾かないっていうことがなかったから。

**河野**　へぇ……やっぱりすごい大変だったんだねぇ……。

**島田**　私の記憶だと、かっちゃんが「ボウリングは行かない」って言ってたの覚えてるなぁ。

**康** あ、それね、私とボウリング行って、爪割ったんだよ（笑）。だからだよ。

**村治** あったあった……（苦笑）。なんか、ほかの男子校の男の子たちと行ったんだよ。

**康** そうそう！　みんなで男の子たちとキャイキャイ言って。あの男の子たち、誰が連れてきたんだっけ？　隣の男子校の人たちじゃなかったよね？　その男の子たちも、かっちゃんのこと有名人だ、っていうふうには知らなかったはずだから。

**村治** 私の小学校の幼なじみの、そのまた友達みたいな、遠い友達。1回だけボウリング行って、そしたらその時、親指の爪、割っちゃったんだよぉ（苦笑）。

**康** そうそう！　結構思い切り「バンッ！」と割って、その時、かっちゃん、師匠の先生にめっちゃ怒られてたからね！

**村治** え？　そうだったっけ？

康　私も一緒に怒られて。ふたりで「チーン……」って凹んで……。

村治　えー！　全然覚えてない（笑）。

康　「プロ意識がない！」ってすごい怒られててさ。「かっちゃんに、悪いことしたな」って。「〝ボウリングしよう〟ってなった時、私が止めればよかった」って。

島田　まぁでもそれ、先生もびっくりだよね。

康　びっくりですよ。だってギターは爪で弾くのに、爪ないんだもん。大事な爪、なくなってんだもん。

全員　あははははは！（爆笑）

## 秘密結社「ピュアっ子クラブ」の会長に

島田　でも私、中学生の時、そんな楽しそうなイベント全然なかった！

河野　私もなかったよ～!?

康　私たち、ちょいちょいあったね？

村治　ちょいちょいあった。
河野　え。でも、かっちゃんその頃は彼氏いなかったよ……ね？
村治　……ピュアっ子クラブでしたから。
河野　んっ？
康　ぴゅあっこくらぶ？
村治　ピュアっ子クラブ。
島田　あーっ‼　懐かしい‼（笑）
河野　あったあった（笑）。ピュアっ子の会が‼　すっかり忘れてた。
村治　〝彼氏なし〟の子たちのほうが少なくて、我々は「ピュアっ子だ！」って言って私たち5～6人で集まってさ……（笑）。
島田　あったねえ……。
河野　会長はかよりんだったよね？
島田　え。待って待って！　私⁉　会長は私じゃないよ‼
村治　……私……か……？
島田　うん。たしか、かっちゃんだよ。

**村治**　そうですか、私、会長でしたか（笑）。

**康**　かっちゃんは影を潜めてただけだよ。「私はモテません」オーラをこうやって出して……いや違うわ。「モテません」じゃない。「モテちゃいけません」オーラ。だって、なんか告白してもらったことあったもんね？

**村治**　あった……ね。ありましたね。隣の男子校の人だ。

**河野**　え!?　それ断っちゃったの!?

**村治**　うん。「すみません」ってお断りして。

**島田**　へえ……。私、そんなのもないや（笑）。

**河野**　彼氏欲しいなとかなかったのかな？

**村治**　興味はあったけど今はいいかな、っていう感じだったかなぁ。

**島田**　さすが会長（笑）。

## 人生を彩るのはいつも大切な「人」たち

**村治**　でもみんなエネルギッシュだよね。卒業してから……23年⁉　経って41になったけれど。みんなやりたいことやってるし。

**島田**　中学の時からサッカーが好きで、「イギリスに行きたい」とか夢みたいなことを言ってたけど、実際、卒業してイギリスへ行って、ライターになって……。だから一応、やりたいことをやってきたのかな。いまは、結婚して子どもができて、子どもが最優先になってるから、自分の時間がほとんど……。ただ、やっぱり自分も働きたい。自分も好きなことやりたいっていうのがあるから、去年はサッカー少年少女の保護者向けの本を書いてみたり。

**村治**　康も昔から「セレクトショップやりたい」って言ってたから、沖縄で本当にそれを実現してるしね。2店舗もあるんだもんね。それで3人の子どものお母さんもちゃんとしててさ。すごいなぁって思うよ。

康　貴ちゃんは仕事についてはもう、一番不純ね。不純な動機。

河野　そうそう（笑）。大学行きたくなくてどうしようと思って、ちょっと父がやっていた〝鼓〟でもやろうかなと思って。

康　だって高校生の時とか、全然やるつもりなかったもんね。

河野　うん。やっぱり職業としては安定してないし、伝統芸能の世界だからまだまだ男社会で女性は難しいところもあるから。

島田　それがいまやお弟子さんもいるんだもんね。

康　でも40代は、楽しいよね。

村治　絶対楽しいよ。

河野　40ちょっと前ぐらいからかな？　これまではお稽古や人の演奏を聴いて吸収だけでやってきたけれど、自分が持ってるものを周りに伝えていこうという思いが強くなって。主催して会を始めて。「彩樹《さいじゅ》会」っていうんですけど。〝彩り〟っていう言葉がいいなと思って。日本の伝統芸能って、結構敷居が高いと思われているのを、「そんなことないよ」って伝えていけたらと思って。いまも、もちろん勉強中でもあるけど。

**島田**　うん。もうだんだん選べる年齢、だよね。無理なことはしなくていいんだけど、やりたいことやっていいって思う。40とかになってくると、やっぱり思い通りにいかないこともあるけれど、それもひと通り経験して、それも踏まえて……。

**河野**　それにしても、かっちゃん、もう25周年超えたのかぁ……。あの中2のかっちゃんから。四半世紀、弾き続けてるってすごいね。

**島田**　音楽もいろいろなことを経験して、その経験したことによってまた感じ方とか、弾き方とか、きっと変わってきたんだと思うし、きっとこれからも変わっていくんじゃないか、って。

**康**　それはすごい変わったと思う。

**村治**　お！　どの辺が？

**康**　まぁ私も成長して自分の心の受け取り方の違いもあるだろうけど……〝深み〟だと思う。やっぱり10代って、どんなに頑張っても、まだまだ技術を習得する過程、みたいな。

**河野** 中2の時もいまも、かっちゃんはかっちゃん。きっと、この先もそのまま、いまのその瞬間のかっちゃんを出して演奏してくれるんじゃないかなと思って。50歳とか60歳になった時の村治佳織がどうなのかなというのが楽しみ！

**村治** やっぱり、友は宝ですね。こうやって。集まってくれてね。

**康** 昔からかっちゃんは私たちに対して、まめだもんね。ふっと「あ、かっちゃん、元気かな……」って思い出した時に、かならずメールとか手紙とか来るんですよ。かっちゃんから。それがすごく、ありがたいというかうれしいというか。

**河野** 私ももらったなぁ……。父が亡くなった時、お葬式に来てくれて、その後にすごい長いメールをかっちゃん、送ってくれて。

**康** 手紙もくれる。昔、沖縄に住み始めたばかりの時、すごく落ち込んでた時があって。その時に手紙をくれて、その手紙に〈自分で人生の舵を取れるようになるように頑張って〉みたいなことを書いてくれていて。その言葉ですごい励まされたんです。だから、「何、この人……めっちゃいいヤツ」と思って。

**村治** ほう……！

**康** 覚えてる？

**村治** 覚えてない。

**康** ちょっと！　かっちゃん！　さっきから、私のいい話、全部覚えてないじゃん!!

**村治** 「いま」を生きてるんで、私。

**島田** そう言って照れてるけど、そうやってエネルギーを人に与え続けるというのは、みんなができることじゃないから。

**村治** うーん……。やっぱり「何をやるか」よりも「誰と」っていうのが大事で、みんなとつながっていたい。そうしたら、自然とやりたいこととか楽しいことも出てくるじゃない？

**河野** そうだね。本当に。

**康** やっぱり人生は彩り。人生を彩るのは人だもん。大切な人がいてくれれば、人生の鮮やかさって変わってくると思うから。25年経ったけど、これからも、もっともっと彩り豊かにね。

**村治** ね！

**島田** そうやって、かっちゃんがいっぱい花を咲かせていってくれたら、私たちはそれを見守るのも楽しい。

**村治** 私だけじゃなくて、みんなひとりひとり、そういう人生を。よろしくお願いします、これからも。

Part.2

# 日々のこと 好きなもののこと

# 宝物

私、友だち、大好きです。

気の合う人々に囲まれて生きていければいいな、という思いがいつもあります。スマホのアドレス帳がいっぱいになるほど多くはないけれど、かと言って少ないわけでもなく、小学校の同級生から40歳近くになって知り合った方まで、音楽を通して知り合った方からギターとまったく無縁の方まで、人生のどの時期を切り取っても、気の合う友だちがいます。

もともと私は、友だち作りや人付き合いへの興味は大きかったですね。保育園、小学校、中学・高校の時は、いつも心からわかり合える友だちがいないかをずっと探し求めている――そんな感じでした。

仲良しはもちろんいました。この本の対談コーナーにもそんな仲良しの3人に登場してもらったのですが、ひょっとしたら当時の私は「唯一無二の親友」を探し求めていたのかもしれないですね。

でも親友ってそうやってがんばって探すようなものではないわけで、そうそう合わせ鏡のようにバチッと「合う」感覚なんて掴めません。真の親友ってなかなかいないものだな、なんて思っていました。

そんな私が、「誰かと仲を深めていく楽しさ」を知ったのはパリ留学中、10代の後半だったかな。留学仲間はほとんどみんな、ひとり暮らしをしていたので、一切の気兼ねがなく自由でした。

お互いの家に泊まり込んでは夜遅くまでおしゃべりしたり、徒歩5分の友人宅に朝ごはんを食べるためだけに毎日通ったり。

そんな時の会話のテーマはいろいろです。

ギターの話、聴きにいったコンサートの感想といった音楽の話はもちろん、お互いの子どもの頃の話や家族の話……。人には、誰しもその人だけの世界というものがあって、話しをすることによってその世界に私も足を踏み入れていくのは、まるで未知の外国へと旅するような感覚です。

ひとりの人のことを色々知っていくって本当に楽しいなぁ、って。

同時にそれは、私自身のことをより深く知る、感じるようになれる期間だった気がします。

誰かと時間と空間を共有して向き合うことで、自分の中に湧く感情や揺れ動く気持ちをいつも感じとれるようになった、というのかな。自分の中の自分と仲良くできるようになったとも言えるのかもしれません。まぁ、簡単に言えば、友だちと過ごすことで大人になったのですね、私（笑）。

大切な年上の友だちができたのも、その頃です。

留学2年目は、日本人のお母さんとハーフの娘さんの2人家族の家にホームステイをさせてもらったのですが、このお母さんと、とても仲良くなったんです。

お母さんが学生時代を過ごした日本と、いまの日本はどれほど環境が違うか、とか。

女性が4年生大学へ進学するのが珍しい時代があった、とか。

どのようにしてシングルマザーになったのか、とか。

自身の経験からたくさんのことを話してくれました。

20代になると、どんどん気の合う人が増えていった思い出があります。

仕事で知り合った方――マドリッドのロドリーゴを訪ねた時にお世話になった

現地コーディネーターさんや海外に住む音楽家仲間、中高時代の同級生や先輩で海外で学んだり生活している人ともつながっていくように。それまであまりいなかった男友だちもできたり。

30代もそれまでの友だちとの仲が深まっていくのと同時に、新しい出会いが限りなくありました。

私とは別の世界で活躍される方々。

友だちが「きっと佳織ちゃんと合うと思う！」と紹介してくれた方々。

30代も前半までは圧倒的に年上か同世代の友だちが多かったのですが、この2、3年で私のひと回り年下の仲良しさんもできました。気が合う人というのは年上、年下まったく関係ないんだなぁ、と知ったのもこの頃です。

子どもの頃、唯一無二の親友を作ることにこだわっていた私が、それにこだわらなくなってからのほうが、なぜか人との深い絆を感じられるようになった気がします。

これから迎える40代は、体力、気力とも充実してきっと実り豊かな時代。友だち同士、良いエネルギーを交換し合って、同じ時を生きられる巡り合わせに感謝していたいです。

そして、何より、

「急にごめん！　今夜空いてない？」

こんなふうに、会いたい時に会える人がいてくれるという幸せを、これからも大事にしていきたいんです。

やっぱり私にとって友だちは宝物、ですね。

## ホッとする場所
## 地元 浅草で

浅草から程近い下町で生まれ育った村治さん。浅草寺周辺は「子どもの頃から私の庭ですから（笑）」

# 大また で、ぐんぐんと

赤坂、日比谷、代官山、恵比寿、銀座、上野、中目黒、渋谷、新宿、青山、代々木上原……。パッと思いつくだけでも、「好きだなぁ」と思える街がこんなに湧いてくるくらい東京の街々が好きなんです。もちろん下町界隈も落ち着きます。両国、千駄木、日暮里、北千住、浅草、上野、錦糸町、亀戸……まだまだ出てきます。

その街その街ごとの、空気感ってありませんか？　駅の改札を出て外の空気を吸う瞬間に感じる「この街に来た！」という感覚が、そしてその空気の中を散策するのが大好き。たまらなく好きなんです。

好きな街を好きなように歩く習慣は、パリ留学中に身につきました。

パリって楽しいんです、街歩きが。「最近はアスファルトの道も増えてきたよ」なんていう話も聞きますが、私が音楽院の学生として暮らしていた頃のパリ中心地はほとんど石畳でした。

石畳って、たしかに平坦ではなくてアスファルトに比べたら歩きにくい道なのだけれど、その感触って不思議と嫌ではないんです。単調ではないゴツゴツ感があって、「いま歩いてるぞ！」という感覚を足裏から直接感じられるから、かなぁ（笑）。

パリっ子たちはそんな石畳を颯爽と歩くのですが、観察していると、まぁとにかく男性も女性もみんな歩くスピードが速い！　速いというか1歩の歩幅が大きい！　出勤する大人たちも、歩きやすいようにスニーカーにリュックという出で立ちの人も多いのです。それが格好よくて、私も彼らを真似て『ニューバランス』の真っ赤なスニーカーと、『エルベシャプリエ』のグレーのリュックを買いました。もちろん歩く時はちょっと大また気味で（笑）。私がそうやってパリの街をぐんぐんと歩いていく姿は、当時取材してくれた『情熱大陸』のラストシーンにも使われました。

パリの街で身についたこんな歩き方、街歩きグセは、その後暮らした街々でも受け継がれました。

「あぁ、私はいま母国を離れて異国にいるんだなぁ」

ロンドンではオックスフォード通りなどの長い大通りをぐんぐん歩いては、「人種のるつぼ」感を味わうのが気分転換でもあり、ちょっとした快感でもありました。

マドリッドでは住んでいた場所が市街の中心地だったこともあって、レティーロ公園やゴヤ通り、ベラスケス通り、セラーノ通り……等々、毎日のように歩いていました。何より日差しが強いので、シエスタ（昼間のお昼寝タイム）の時間は避けるようにして。

日本、いや東京だけでも、まだまだ私が知らない場所がたくさんあります。一生で自分が実際に歩ける場所には限りがあると思うと、この1歩、1歩もまた愛おしい――。

だから、今日もまたどこかの街角をぐんぐん歩いています。

# 心のオアシス

「お茶するのが好き」だという女性は多いと思いますが、私も御多分にもれずフランス留学中に、すっかりカフェで過ごす時間の虜になってしまいました。

あれから20年以上経ちますが、カフェ好きは変わりません。友人たちと「お茶する」ことはそれほど多くなく、ひとりで過ごすことが一番多いのです。ほっとひと息ついたり、何か考え事をしたり。でも今日は、「本の原稿を書いてみよう！」と思い立って、実際に、この原稿をいつもよく行くカフェで書いています。

そして、そんな私の隣には父がいます。

原稿はいつも移動中に書くことが多いので、「一度くらいはカフェで！」そして「父を横にして、1本書いてみよう！」と思い立ったのですが、すぐ実現できました。

「私、原稿書くから、お父さんは、これ読んでいまどきの女性の心理を研究してて（笑）」

私が原稿を書いている間、手持ち無沙汰であろう父に、バッグに入っていた女性誌を渡したのですが……うん、ちゃんと目を通してる（笑）。

いつの頃からか、父は私にとってのオアシス的存在になっています。

もうひとりのオアシスは20年以上、公私共に仲良くしていただいている吉永小百合さんのご主人である岡田太郎さんですが、岡田さんと同じように醸し出す空気が心地良いんです。それは父が、父も基本的に穏やかで、娘から女性誌を渡されてもちゃんと読んでしまうような柔軟な感性の持ち主だから、かもしれません。私の性格や感性は、どちらかと言えば母よりも、こんな父に似ているなぁと思うことも多いのです。

今日は黙っていますが、カフェにお茶をしに来ると、ふたりで何とはなしに会話して。どちらかと言えば私がペラペラとおしゃべりして、父が聞き役のことが多いかしら。

そんな父が饒舌になる時は、大抵、ギターのこと。

ギター教室の生徒さんたちの活躍のことを楽しそうに話している父を見ると、「本当に教えることが天職……というか、好きなんだなぁ」

と感じます。ギターの話のほかには、訪れた絵画の展覧会についても詳しく話してくれるので、話を聞いて「行ったつもり」になることもしばしばです。

こんなふうに、父とお茶をするようになったのは留学から帰ってきてから。私が父を誘って朝の散歩と朝カフェを一緒にするようになりました。

「人を知っていく」ということの楽しさに気づいたことがきっかけです。留学中、友人やホームステイ先の家族と交流することが増えていくうちに、海外で暮らしてその国について深く知っていくことと、ひとりの人間を知るということは同じなんだな、と思うようになりました。

ところが、そこでふと、「……待てよ？」と。

「ギターを通して父との距離はいつも近かったけれど、父自身……父の人生そのものについては、私、あんまり知らないんじゃないかな……!?　父と母は、私が生まれてくる前にどんな人生を過ごしてきたんだろう？」

「もっとも近い存在である家族について知ることは、きっと楽しいはず！」

父の話を聞くことが、自分自身の人生の幹を太くすることになるかもしれません。まるで地中の養分、水分を吸収して、上に伸び、太くなっていくように。

最初のうちは、父もなかなか話してくれませんでした。というのも父の人生もなかなかに大変な時期もあったようで、あえて以前のことを娘に話す必要はないとも考えていたからのようです。

それでも、私が負けじとじわじわ質問するものですから、根負けして、ぽつりぽつりと自分のことを話してくれるようになりました。少し時間を置いて、同じことをもう一度話してもらったり……。

こんなちょっとした質問タイム――お茶タイムを、ふたりで静かに数か月は続けたかもしれません。あの時間のおかげで、私自身がこの世に存在していることのありがたさが増した気がします。

いい時間だったなぁ。


日々の中で出会ういろいろな人たちの話に、これからももっと耳を傾けたいと思うんです。その中でも、一番身近にいる人生の先輩の話を、日頃からもっとよく聞いておきたい。例えば、歳を重ねること。老いていくってどんな心境なのかを聞いていきたいなぁと思ったり……。

欲はできる限り多くしたくないとも思っているのですが、こういうことは「良い欲」として、いくつになっても大切にしておきたいのです。

こうして書きながら、いま、横目で父をチラッと見てみました。

メイクの特集ページにまで目を通してます（笑）。

「どう？　面白い？」

「……うん？　これは働く女性、かつ子育て中のママ向きの雑誌なんだね……」

その通り〜！（笑）

さて、それではそろそろ筆を置いて、父と会話を始めましょうか。

# 誰かがいて「私」が

ふとした拍子に、普段は考えないようなことを考えたり、思いが「湧く」というか「降ってくる」というか、そういう経験、皆さん一度はされたことありますよね。

私は移動中に、何かを思いついたり、考えるともなく考え事をすることが多いかもしれないな。

地下鉄の連絡通路を歩いている時。

新幹線の中で。

タクシーの中で。

飛行機の中で。

例えば、最近考えたことは——「自分はギタリスト」。

ギターが弾ける以上は「ギタリストです」と自己紹介すればギタリスト（自称）にはなれるわけだけれど、本当はそんな自己認識さえ、

「皆さんからギタリストとして認識していただいているからこそ、成り立つことなんだよな……」

なんて。

こんなふうに妙に哲学的な思いにふけることもあります。

「皆さんに認識してもらえているからギタリストとしていられるんだ」と気がついたことで、ステージで演奏を終えて拍手をいただいている時も、それまで以上に感謝の気持ちが湧いてくるようになりました。

「ギタリストでいさせてもらえるのも皆様のおかげ。ありがとうございます」

そう。

相手がいてこその自分、なんです。

私も親の前では娘になるし、弟の前では姉になるし、弟のお嫁さんの前では義理のお姉さんになるし、友だちの前では友だちになるし、姪っ子の前では伯母になる。

——誰かがいて初めて私は色々な存在になれるわけです。

そのどれも、自分ひとりでいる時には出てこない自分の一部。

その人といる時だからこそ引き出してもらえる自分の一部。

自分は相手の一部だし、相手も自分の一部。

誰かと会って楽しい時間を過ごして「バイバイ」と手を振ることって、自分にもバイバイしていることなんだ。

誰かとお別れをする時もその人だけではなくて「その人といる時の自分」「その人が引き出してくれた自分」ともお別れする、ということなんだ。

ある時、そんなふうに気がつきました。

9歳の時に大好きだったお祖母ちゃんと永遠のお別れをした時も、私はただただすごく悲しかったのですが、その悲しさの中にはお祖母ちゃんとお別れするということだけでなく、「孫」としていさせてもらえた自分自身ともお別れしなければならなかった、ということも含まれていたのかもしれません。誰かを失う悲しみというのは、自分の一部を失う悲しみとも重なるのですから。

もちろん当時の私にはそんなことは理解できていませんよ？　理解していたらだいぶませた9歳児です。

でもこんなふうに、ふとした拍子に、新たな視点がいつの間にか自分の中に宿っている、感じ方や考え方の変化を発見するのは、成長を確かめられるような気がして嬉しさもたのしさもあって。

昨日までとは違うちょっと新しい私になれる、というのでしょうか。

「これからも　どんどん降ってきてね！　新しい私！」

そう夜空に向かって語りかけるこの頃、なのです。

# 人との出会いとおしゃべりが
# 私をつくる

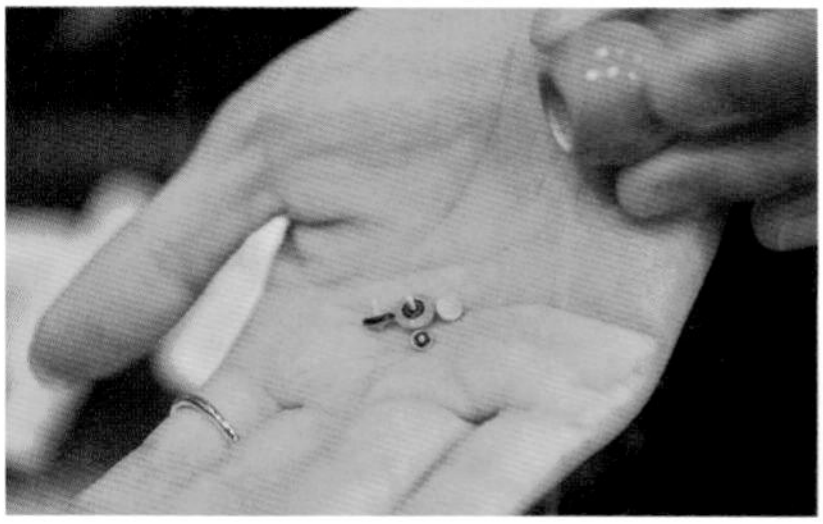

仲見世通りにある江戸小玩具を扱うお店も村治さんのお気に入り。「人との距離感がほど良く近いのが、下町の良さですね」と、撮影を忘れてお店のご主人とついつい長話

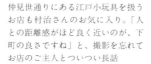

追加のご注文は
お席でどうぞ

追加のご注文は
お席でどうぞ

# 食べて、覗いて、また食べて
# 大好きな街歩き

食べ歩き大好きな村治さん。「20代の頃にひとりで来ていた」というラーメン屋さんで梅しおラーメンと餃子をペロリ。谷中の老舗和菓子屋さんの焼き団子も街歩きの際には欠かせない定番おやつだそう

# 好きな服を着る

「佳織ちゃん、意外といろいろな服着るんだね……」

そう言われると、ちょっと嬉しいんです。

ある種の感慨に浸ってしまうと言うのか。

「ほう！　私もそういうことを言ってもらえるようになったんだなぁ……」

10代、20代、30代はもちろん、そして40代、50代、60代……いくつになっても、服が好きな女性ってとても多いですよね。

特に中高生——10代半ばからはおしゃれすることを覚えて、友人とショッピングに行くのがすごく楽しかったり、服のブランド名も覚えたり、どんどん知識を吸収していく時期。

「あの頃、どんなブランドのものを周りのみんなが着ていたっけ？」

と久しぶりに思い出してみました。ミッシェルクラン、ベネトン、セオリー、アニエス・ベー、それにアナスイ……。それぞれ、常にファンを獲得し続けているブランドです。

「明日、何着ていこうかな……？」

ベッドに入る前に考え出すと夜も眠れなくなってしまった、なんていう経験、みなさん1度や2度はあるんじゃないでしょうか？

ところが私は、周りがファッションに夢中になっている時にも「服を選ぶ楽しみ」に目覚めることがない……どころか、「前日に次の日に着ていく洋服を考える」という感覚が皆無！ でした。

お買い物もあまり気がすすまないほう。

「試着するなんて面倒くさいし！」

そう頑なに思っていた部類です（笑）。

これには、10代半ばから、学校以外の時間を事務所やレコード会社、そしてテレビ収録や取材でお会いするたくさんの大人の方々と一緒に過ごしたことが少なからず影響しています。

子どもでしたが、そうした場ではひとりの演奏者として、ギターの練習、ＣＤ

制作やコンサートのレッスンやリハーサル、そして取材や撮影、打ち合わせ……プロとして音楽を、「仕事」をがんばる毎日。

その中で一番大事になるのは、やはり音楽そのもの。プロとして生み出す音、奏でる音楽が何より大事ですから、自分自身を洋服で飾る必要を感じなかったというのも本当のところです。黒や白、グレーといったモノトーンの服のほうが、自分の存在を出し過ぎることなく、そして性別も意識せずに、どんな方とも正面から向かい合える感じがしていました。

そもそも大前提として「ギターを弾きやすい格好」であることが最優先なので、制服以外にスカートはほとんど持っていませんでした。もっぱらパンツスタイル。柄モノや裾がヒラヒラした服は「私には似合わない」と決め付けていました。恥ずかしさもあって。そうそう！　タートルネックもあの頃から好きだったなぁ……。私にとって服は、「自分を表現するもの」というよりは「自分を守るもの」というイメージだったから。

それに、コンサートや撮影で、ドレスをはじめたくさん素敵な服を着させてもらえたので、ある種満足を感じてしまっていたことも理由のひとつです。

そんな私がちょっぴり変わりだしたのは、フランス・パリへ留学をしてから。留学先のエコールノルマル音楽院で、私が仲良くしていたグループには、ファッション好きな人たちが多かったのです。会話をしているとポンポンと知らないブランドの名前が出てきました。最初はちんぷんかんぷんだった私も、彼らにつられて少しずつブランドに詳しくなっていきました。

その頃に教えてもらったコム・デ・ギャルソンやマルジェラ、ジル・サンダー……いわゆるモード系と言われるブランドは、いまでも好き。

23歳の時に味わったスペイン・マドリッドでの生活も、私のオシャレを開眼させてくれました。

マドリッドで見るスペインの人たちの健康的な色気に、私はとても刺激を受けたんです。いまでこそ日本人も、タンクトップから下着のラインを見せるのに何の抵抗もない感がありますが、当時は「下着のラインは見えないようにする」のが普通でした。

ところがマドリッドの女性たちは、タンクトップから下着の肩紐も「これでワンセット」という感じで普通に出していたり、それどころか、お尻と脚の境目が見えるくらいに短いショートパンツをはいていたり。

女性はそれを「当たり前でしょ？」という感じで格好良く着ていて、街行く男性たちも別段そこに視線や意識がいくわけでもないんです。

「私、艶かしい色気よりもこういう健康的な色気のほうが好きだな！」

「これなら自分にもできるかも！」

これらの海外での経験で、私の考え方の引き出しが明らかに増えちゃいました。いまの私を彩ってくれている原体験のひとつで間違いありません。


日本に戻ってきてからは、もうひとつ引き出しを増やしました。

「素敵だな」と思う方が着ていらっしゃる服や使っていらっしゃる小物があったら、自分で買える範囲なら手に入れちゃって、こっそりお揃いにしちゃう！　のです。

そう、真似する。

「ギターだって言葉だって、最初は真似からだもんね！」

と自分を正当化しつつ（笑）。

でも、こういうことを繰り返しているうちに、いつのまにか、誰の真似でもない自分の「スタイル」が少しずつでき上がっていくんじゃないかな。それもまた楽しいものです。

そうやってひとりで服探しの修業をしていくのも楽しいのですが、服が好きな友人――「師匠」とのショッピングも楽しいんです。

「それは素敵だけれど、佳織ちゃんにはちょっと似合わないね」

友人のひとりは一緒にショッピングに行くと、いつも本音で意見してくれるので、私にとってとても有り難い指南役です。

「こっちのほうが絶対似合うよ！」

彼女が選んでくれる服や小物は、きれいな色ばかりです。以前は、選ぶとしたらギターを弾く自分を基準に当たり障りのないモノトーンばかりでしたが、いまは感覚――「好き」の本能を全開にして好きなもの、着たいものを夢中で選べるようになってきました。自分自身の心も体もそうですが、年齢を重ねていくと好きな服、好きな色、好きな食べ物、好きな人……自分の好みが少しずつ変わっていくものかもしれません。良い悪いではなく、それが自然なんじゃないかな。

いずれにせよ、人生は一度きり。着たいものを着れることに感謝して、

「いま、好きな服を着られる自分を楽しみたい！」

10代の頃、数えるくらいしか友人と服を買いに行ったことがない、という反動ではありませんが（笑）、ひょっとしたら神様は「昔できなかった楽しいこと」を、こんなふうにちゃんと別の機会にとっておいてくださるのかもしれません。

そうやってワクワクしながら選んだ服って、やっぱり良いんです。

いざ着た時も、いい思いがちゃんと服に宿っているような気がして。

そんな服を着て好きな人たちと楽しい時間を過ごせると、さらにもっといい気が服に宿っていく――そんなふうに思うんです。

ただ、そうやってお気に入りの服ばかり選んで着ていると、いつも同じ服になっちゃうのが困りものです。すんごくヘビロテしちゃうんですよね……。あ。もちろん洗濯はしてますけどね（笑）。

# 10歳からのプレゼント

「ハーフ成人式」って知っていますか？　ハタチの半分、10歳になったことをお祝いする、というもので、学校行事として行うことが多いようですが、〝20歳になった自分〟に向けた手紙を書いたり、家族への感謝の手紙を書いたり、学校にお父さんお母さんを招いてお茶会をする学校もあるとか。

私が10歳――小学4年生だった1980年代後半にはなかった言葉ですが、いまはごく自然に使われているそうです。

ハーフ成人式の頃は、子どもの私にとって変化の大きな時期でした。

学校生活では初めてのクラス替えがあって、仲良しだったお友達とも別のクラスになってしまったり、担任の先生も変わりました。

ギターも、初めて父以外の先生に習い始めて。

そんな折、小学校の課題で「生まれてからの10年の手作りアルバムを作る」というものがあったんです。

赤ちゃん時代から10歳までの写真を何枚か貼って、それに自分の言葉を添えて、さらに両親からのメッセージや未来への思いなども書き込んで1冊のアルバムにするという、なかなかの大仕事です。いま思えば、このアルバム作りが、当時のハーフ成人式のようなものだったのかもしれません。

あれから長い時間が経って、そんなものを作ったこと自体、すっかり忘却の彼方となっていたのですが、ある時、ひょっこりそのアルバムが出てきて、見返す機会があったんです。

「うわっ……！　私、10歳の時からこんなこと思ってたの⁉」

初めて見るような、懐かしいような、恥ずかしいような、そんな思いに浸りながらページをめくっていると、終わり近くのページに書かれた「自分へのメッセージ」に目がとまりました。たったひと言、

〈広い心を持つ〉

10歳なりに自分の狭い心を自覚していたんでしょう。もっともっと、心を大きくしたいと思っていたのでしょう。

思えば、女の子の10歳って微妙な時期で、お友達関係も少し難しくなったりし

始めます。クラス替えがあるとは言っても、新しい出会いは大人ほど多いわけではないですし、かと言って、まだひとりでどんどん外に出ていけるだけの行動力は持ち合わせていません。

心と体の成長のバランスがなかなかとれない、ちょうどそんな時期なのかもしれません。そんな時期の私が書いた〈広い心を持つ〉。

我ながら、「なかなかいいこと書くなぁ」。

心を広く持ち続けることは、これからも、何歳になっても変わらない私のテーマなのだろうな、と。10歳の私から、思いがけないプレゼントを受け取ったような気がして、少しうれしくなりました。

このところ断捨離ブーム、ミニマリストブームです。ムダなものは持たない、古いものはどんどん捨てる、というのも嫌いではないですけれど、やっぱり子どもの頃の思い出は残しておいたほうがいいですよ。

過去の自分から、うれしい贈り物を受け取れる確率、きっと上がりますから。

# セピア色の思い出

一般的に言う青春時代――中学～高校時代の私は、どちらかといえば性格も行動もおとなしいほうでした。でも内にこもるタイプでは決してありません。元々のエネルギー値が低いわけではなくて、自分の中に湧いてくる生命力はしっかりある女子だったと思います。ギターを弾いているとインドア派だと思われがちなのですが、まったくそんなことはありません（笑）。

「何日も外に出ずに家にこもって……なんて考えられない！」

そんな感じの青春時代を送っていました。

そういうアクティブさは、フランス留学を終えて、久しぶりに実家での生活をするようになった20代になっても変わりませんでした。

その頃は、父が自宅の一室をギター教室に使っていたんです。夕方になると、生徒さんたちが、30分ごとに入れ替わり立ち替わりで通ってきました。教室は1階で私の部屋は2階にありましたが、こじんまりした家なので、私が2階でギターを弾けば1階でも聴こえるし、まして歌を歌おうものなら丸聞こえ。

じっとしているのは苦手ですから、自分の練習を終えるとすぐ外にお出かけ。ある時は浅草だったり、ある時は上野だったり。駅まで行って路線図を見てから行き先を決める……なんてこともしました。

「行きたくなったところに行ってこよう！」

路線図の端っこのほうにある高尾（！）まで行ってみたのは良かったものの、駅に着いたらもう喫茶店も商店も閉店する時間になっていて、せっかく行ったのに何もできずに帰ってきたり。


その頃、両国界隈もよく散歩しました。

私は、生まれ育ちは台東区なのですが、保育園に通っていた頃の一時期だけ、隅田川を渡って墨田区にも住んでいたことがあったんです。だから国技館の前を通ると、瞬時に20年も30年も前の記憶がよみがえったりします。

「保育園の先生とクラスのみんなで国技館の隅っこで遊んでいたら、国技館の人に見つかって、先生が注意されたことがあったっけ……」

先生が別の大人に注意されている姿は、子ども心に「なんか見ちゃいけないものを見ている」気分だったのかもしれません（笑）。

旧安田庭園も、時々、父が連れてきてくれた場所。父は日曜日になると旧安田庭園や上野動物園、リバーサイドスポーツセンター……等々、自転車で色々な場所に子どもたちを連れていってくれたんです。父が自転車の前方にまだ小さかった弟を乗せて、私はピンク色の自分の自転車に乗って。

当時の私には旧安田庭園は渋すぎて、「ワクワクする」という感じではありませんでしたが、大人になって再訪してみると、また違って見えます。

「うん、いいなぁ……心落ち着くなぁ……」

「そういえば、私はいつも父が漕ぐ自転車のあとを、スイスイついていくだけだったっけ……」

道順を覚えようとする気がゼロだったんです（笑）。

「佳織、あとを着いてくるだけじゃなくて、ひとりでも来られるくらい道順を覚えなさい」

父がそうひと言でも言ってくれたら、私はきっと「はいっ！」と素直にその通りにしていたはずなのですが……。

「……あ！　だからいまでも私、地図を読んだり道を覚えるのがちょっと苦手なんだ（笑）」

その場にいると浮かんでくる記憶、思い出せることって結構ありますよね。人の記憶は香りと紐付けられている、と聞いたことがありますが、場所もそうなのかもしれません。自分自身も忘れている記憶や風景も脳のどこかに蓄積されているのだとすれば、人間ひとりの一生分の記憶って、ものすごい量になるんだろうな。

「あの頃は、お祖母ちゃんの家とウチを行ったり来たりしていたっけ……」

墨田区で暮らしていた頃のマンションの前を通ると、子ども時代の思い出がぼんやり蘇ってきます。ひとりで、なんとも言えないそういうぽわ〜っとした気持ちを味わうのは、いまも昔も大好きです。

「この頃があって、いまの私がいるんだな」

そう思うと自然に気持ちが前向きになるんです。

# 恋とか、愛とか

最初にこう書いてしまうと身も蓋もないですが、正直、こういうテーマは苦手です。少々の苦手意識がありながらも書いてみようと思った理由は、読者の皆さんが恋愛に対してどんなご意見をお持ちなのか、後々、機会があれば聞いてみたいから。聞いてみたいのなら、まず、自分のことをお話ししないとフェアじゃないですよね（笑）。

保育園、小学校、中学、そして高校くらいまでは、どちらかと言えば、おくてでした。友達カップル２組のグループデートに、なぜか私がひとり混じって５人で遊んだ……なんてこともありました。

中学、高校になると、恋に興味はもちろんあって好きな男子もいたのですが、自分から告白するのは恥ずかしいし、フラれて傷つくのも嫌だし……それにやはり、私にとって大切だったのは恋よりもギター、仕事、でした。両方楽しめる器用さは、当時の私は持ち合わせていませんでしたねぇ……。

そんな私でしたが、通っていた女子校の隣には別の男子校があって、登下校路がその男子校の生徒たちと同じだったおかげで、「目の保養」だけは適度にしていたんです（笑）。

「あの人、イイ感じじゃない？」

ある時、目の保養にしながら見つけた男子を、親友に薦めたら彼女がひと目惚れした、なんてこともありました。ふたりはすぐに付き合うようになって、10数年ののちに結婚。その長男くんが父の教室でギターを習い始めてくれている――という映画のようなことが起きたりしているんです。私には起きませんでしたが、私の周りでは、ね。

そんな私でも、歳を重ねていくにつれて、牡羊座らしく恋にも積極性が出てくるように。駆け引きは苦手なので、男性から告白されるより、まず自分から素直に気持ちを伝えるほうが圧倒的に多いですね。そうやって真っ直ぐ突き進んで、うまくいけば良いのですが、うまくいくばかりでは当然なくて。成就しないと数日間、いや数週間くらいはちゃんとシュンとするんです……って、こういうことを自分で書くのは恥ずかしいな（苦笑）。

でも、お付き合いさせていただいたり、片想いしたり、お別れを切り出したり、逆に切り出されたり、一方的にフラれちゃったり、両想いの幸せを噛み締めたり……どんな恋愛も無駄な経験なんてひとつもないなぁ、と思います。結婚まで至った恋愛も、もちろんですが、よき恋でした。

恋も恋なら、愛も愛。愛というのは深遠なもので、色々感じたり、考えたりすることはありますが、私はまだまだ語る言葉を持っていません。胸の奥にある入口から、すーっとどこまでも潜っていく感覚――というような。言葉ではうまく説明できないんです。

それでも、ひとつだけはっきり言えることがあるとするなら、それは、私にとっては恋が成就する、しないが一番大切なのではない、ということ。

その時、その瞬間、自分の気持ちに素直なのか？　自分は正直なのか？　ということが私にとって一番大事なのかもしれません。

コレ、きっと少数派の意見であろうことは自覚してます、ハイ。

だって成就するに越したことはないですもんね。とは言え、少数派であっても、それが私の正直な気持ちなら、仕方ない……！

# 割れて、新しいものが

突然ではありますが、お伝えいたします。

2018年の中頃、私、「マルイチ」となりました。

え？　「〝マルイチ〟ってなんだ？」って？

ハイ、お教えしましょう。

マルイチという言葉を教えてくれたのは京都の友人でした。

「佳織さん、祇園では〝バツイチ〟って言わないんですよ。〝マルイチ〟って言うんですよ」

以来、私もマルイチを使っているのですが、一般的に馴染みがあるのは、まだまだ「バツイチ」のほうですよ……ね（苦笑）。

そう。マルイチ＝離婚です。

それにしても、結婚とはすごいものです。ひとりに戻ってみて改めてそう感じました。

努力すれば必ず叶うとかそういうことでもなくて、タイミングやご縁、勢いが必要で自分ひとりでは決して成し得ないこと。

そして、結婚するには、ひと組の男女が夫婦になることを決めて、国に書類を提出して認めていただいて……。私の場合も、そのすべての要素が混ざりあっての結婚でした。

そして、もうひとつすごいなぁと思ったことは、結婚すると、自分たちが幸せを感じるだけではなく、周りの人たちにも幸せを感じていただける、ということです。

私も、それを経験させていただきました。

ただそれだけすごいものでも、ふたりの生活がうまくいくということとは別なのですよね。

結婚があれば離婚もまたあり得る、という世の中。

結婚という制度や形がもし完璧なものであれば、この世に離婚という制度も存在していないわけですから。世界を見渡すと、結婚も離婚も自由意志で行える人が大半というわけではないですよね。そのどちらも、意志で行える環境にあることに私は感謝したいです。

マルイチのご報告をすると、人様の反応も様々です。

すごく驚かれる方。

自身の経験に照らし合わせて意見をくださる方。

穏やかに「新しいスタートだね」と言ってくださる方。

その方の人柄が浮き上がって見えてくるようですけれど、それだけ受け止め方も考え方も十人十色だということ。

私はどうかなぁ……。

私の心の中には「〝最高の元夫婦〟でありたいな」という気持ちがあります。そして一緒の時間を過ごせたことを、これからもずっと感謝していたいと思っています。

元旦那さんは2人での何気ない時間を大切にしてくれていましたし、日々の食事も、「体にいいものを」と考えて、率先して作ってくれました。

環境や関係性が変わって、会うことは少なくなりましたが、まったく会わないということもありませんし、お互いの無事を確認し合うことは、いまもあります。一度は家族になった義理のご両親とも、結婚していた時と変わらず連絡を取らせていただいていたんです。季節の変わり目にメールのやりとりをさせていただいたり……。

少し意外かもしれませんが。こんな私と自分の家族との関係を、彼も離れたところから見てくれているんです。

関係性が変わっても、距離が変わっても、夫婦でなくなっても、人と人として変わらずにいてくれる方々と出会えた私は、なんて幸せなのだろうと思います。

この話を、何かの折に笑福亭鶴瓶さんにご報告したのです。電話の向こうで、鶴瓶さんは、静かに私の話を聞いてくださいました。そして、全部聞き終えるとひと言。

「割れて、また新しいモンが生まれたんやなぁ」

即座に、こんなに素敵であたたかい言葉をかけてくださるなんて……！　鶴瓶さん……！　本当に鶴瓶さんは、私にとって心の師匠だなぁって。これだけ人付き合い、人の心を思いやれる方と出会えたこともまた幸せです。

結婚も離婚も、結局は自分と相手、ふたりで決めるしかないことだと思うのです。

もしも、これからの歩み方を迷ったり考えたりしている方がいたら、少々おこがましいですが、これだけは私が思うことです。

「こんな道もあるんだよ」

「〝割れたら最後〟じゃないんだよ」

決して離婚をすすめるわけではありません。もちろんずっと一緒に仲良く生きていけるのなら、それが一番良いのですが、

「踏み留まって、より良い夫婦関係にする」

だけが正しい道だとは思わないで欲しいなぁと思うんです。「割れたら最後」では決してありません。

「最後は握手をして、新しい形へと進む」こと。

それも選択肢のひとつだし、形のひとつなんじゃないかな。

色々ひっくるめて、ひっくるめながら幸せに楽しく歩いていくことが、人生だと思うんです。

岡田太郎さん……1930年、東京都生まれ。元共同テレビ社長。文化放送を経て、フジテレビに入社。ディレクター、プロデューサーとして数々のドラマを手がけた。奥様は女優の吉永小百合さん。

「ホントの村治」を知る！ 親友クロストーク②

## 岡田太郎さん×村治佳織

# 人生は〝なりゆき〟で行こう

元フジテレビ敏腕ディレクター、プロデューサーであり、
女優・吉永小百合さんのご主人でもある岡田さん。
村治さんとは、かれこれ20年来のお付き合いだそう。
村治さんの「心のオアシス」だという岡田さんに、
貴重なお話をうかがいました。

## アランフェス協奏曲がつないだ縁

**岡田** 佳織ちゃんと初めて会ったのは……？

**村治** いつでした……っけ……？

**岡田** いつの間にか自然に知っていたみたいな感じだった気がするね。

**村治** この間、一緒に太郎さんとの出会いはいつだったのか、を検証したんですよね。たしか2007年の、小百合さんが東京のオペラシティで企画されたコンサートの打ち上げだったような……。

**岡田** そうでしたかね？　奥さんが仕事してる現場って、どうもね、恥ずかしくってほとんど行かないんですよね。映画撮ってるところも行かないし、もちろんテレビやラジオの収録もコンサートも行かない。

**村治** そうですよね。私は小百合さんとは初めてお仕事をご一緒させていただいてから、その2007年の時点で、もう10年近くプライベートでも仲良くしていただいていたんですけど、太郎さんにはそれまで一度もお会いしたことがなかった、という（笑）。

**岡田** 彼女と最初、いつ頃知り合ったんだっけ。

**村治** 『第二楽章』のCDを出した後ですから……私がまだ高校生でしたもん。1994年とか1995年とか……。

**岡田** え！ その時、佳織ちゃん、そんなに若かったの？ 彼女、そんなときの佳織ちゃんをどうやって発見できたんだろう？

**村治** その時、私が所属していたレコード会社が小百合さんと一緒だったんです。当時もう2枚、3枚、CDを出させていただいていて。

**岡田** そうかそうか！ 彼女も同じレコード会社だったから……。

**村治** そうなんです。それで、「こういうCDがあると、朗読にいいんじゃないか？」と会社の方が小百合さんに提案してくださったそうで。

**岡田** CDなんかは、ウチの奥さんがいつも家に持ってきて、年がら年中聴いたりしてるから、僕もきっと自然に一緒に聴いてたんだなぁ……。じゃあ、僕はもう最初の頃から、佳織ちゃんには会ってはいないけども知ってはいた、ということなんだね。「おぉ、きれいな人だねぇ」とか。

**村治**　最初の印象はそこなんですね（笑）。

**岡田**　うん。そうだよ（笑）。

**村治**　あはは！　嬉しいです。でも、小百合さんだけでなくて、太郎さんもいろんなジャンルの音楽をたくさん聴いてらっしゃって。

**岡田**　そうだね。僕はあんまり、いま流行りの音楽はよくわからなくて、聴くのはほとんどクラシックですね。

**村治**　だから、太郎さんといろいろお話するようになって、すごくうれしかったのは、太郎さんがテレビディレクターだった頃に作られたドラマの中で、私の大好きな『アランフェス協奏曲』を劇中曲で使ったことがある、っていう話で……。もちろん私の演奏ではないんですが。

**岡田**　そうそう、ドロッドロの愛憎

**村治** 劇のね。タイトルが『密会』っていうの。

**岡田** いまの時代でもいいタイトルですよね、それ（笑）。

**村治** 当時はテレビ局内でも、めちゃくちゃ言われたんですよ。編成局長に「おいおい！　こんなタイトルでやるの？」って。それを「いやあ、ちょっと面白いんですよ、絶対に」って、何とかダマして（笑）。

**岡田** その中になんでアランフェスを入れようと思ったんですか？

**村治** 当時は、映画でもテレビドラマでも、僕らが自分たちで作曲家にお願いしていろいろそのドラマ用に音楽を作ってもらっていたんですよ。『密会』でもお願いして作ってはもらったんだけれど、聴いてみると、それが、いまひとつしっくりこなかった。どういう人に頼んでも、ピタッとくる曲がなくて「困ったな」と。

**岡田** いまだから言えるお話ですね（笑）。

**村治** そうしたら、ウチの局のスタッフが「太郎さん、こういうの使ってみたらどうですかね？」と、クラシックやオーケストラやいろいろなＬＰをたくさん持ってきてくれて。聴いてみるとすごくイメージどおり。なんだかうまく合っちゃうのね、芝居に。

**村治** そうなんですね。

**岡田** そう。それで気に入って。それに作曲家にお願いするより、レコードから使うほうがずっと安いし。そうやって『密会』の時に、いろいろ聴いていているうちにアランフェスへたどり着いた、というわけ。

**村治** 第2楽章ですね！「♪タララ〜ン　タラ〜ラ〜」ですね。アランフェスは私にとっても、好きを超えて、特別な曲なのでうれしくなっちゃいますね！

**岡田** クラシックギターのアランフェスももちろん使うんだけれど、いろいろなアレンジがある中で、ＭＪＱ、モダン・ジャズ・カルテットっていう昔の有名なモダン・ジャズのカルテットのアレンジが、「♪タラ〜ン」っていう部分が、とてもうまくてね。ジャズっぽくない、いいアレンジでね。それをよく使ったなぁ……。

**村治** それまでは、小百合さんと太郎さんっていう絵に描いたような素敵なご夫婦のイメージで、プライベートなことはあまり深くはお話ししたりしてこなかったんですけど、私にとって大事なアランフェスで接点があったし、太郎さんの昔話が面白くてどんどん〝太郎ワールド〟に引き込まれたんです。

**岡田** そう？　僕はもう、とにかくひたすら「佳織ちゃん、かわいくて、きれいだなぁ」ということしか頭になかったけれど（笑）。

**村治** あはは！　そうやっているうちに、音楽家としてじゃなくて、ひとりの人として、太郎さんと交流させていただくようになった気がします。その次に印象に残ってるのは……旅行先のパリで、みんなでご飯を食べた時かなぁ。

**岡田** うんうん。ありましたね。

**村治** 私が20代の後半でスペインに長期滞在してる時、小百合さんが太郎さんとパリに旅行される際に「せっかくだから」と、わざわざ小百合さんがスペインまで来てくださって。私がご案内して一緒にいくつか街を回った後、パリで太郎さんと合流して……ヨーロッパをみんなで大移動するっていう（笑）。その時は旅の話で盛り上がって。

太郎さんがこれまでされてきた旅だとか、おふたりの新婚旅行のお話とか。

**岡田**　そうだっけ？　そういうことはまったく覚えてないですね（笑）。

## 休養を〝恵みの時間〟に変えてくれた言葉

**村治**　でも、より深くお話しするようになったのはやっぱり休養の時。

**岡田**　たしかに、その頃ですよね、佳織ちゃんとゆっくりいろんなことを話したのはね。

**村治**　世の中の皆さんは「ああ、大変な時期だったんだろうな」って思われていたと思いますけど、私は幸せだったんです。大変ながらも、こうやって小百合さんや太郎さんに〝恵みの時間〟を与えられているなぁって。休養して、すぐにおふたりが別荘に呼んでくださって、そこで「なりゆき」っていう言葉をくださったんです。

**岡田**　初めて話を聞いた時は、やっぱり「かわいそうだな」と思ったし、

村治　どうすればいいのか僕もよくわからないけども、まあとにかく僕も病気では長い間苦しみましたからね。だから、その経験も含めて、ね。でも、「いまあなたはこうしなさい」とか「こうしたほうがいいよ」なんていう僭越なことを、僕は全然言えないけれど……。

岡田　でも、すべてのお話に説得力がありました。いまお元気な太郎さんのお話しでしたから。

村治　僕は全快しちゃったからね。

岡田　「大変なあの時間もあって、でもいまはこんな元気だから、あなたも長い時間の中のほんの少しの時間だと思ってゆっくり休みなさい」って言ってくださったことがあって。

村治　そうですね。

岡田　「早く復帰しようではなくて、もう何も考えずになりゆきで」「いつ仕事に戻れるか、それも全部なりゆきで」って。太郎さんの言葉、いまでも覚えています。私もスッと「じゃあ、私もそれで行きます！」みたいな（笑）。本当に救われたな、って思います。

**岡田**　僕はそもそも、なりゆきだけで生きてきたところありますからね。東京の芝の生まれ育ちなんだけれど、戦後焼け野原になった中で、なりゆきで総理府で雑用仕事をしていたら、そのまま事務官にしてもらって。その後、「ラジオの仕事が面白そうだなぁ」と、それもなりゆきで文化放送に入れてもらえて。そうこうするうちにテレビの時代になって、「フジテレビができる」っていうんで手を挙げたら、またなりゆきで入れてもらえて……。

**村治**　それでドラマのお仕事をされるようになったんですね……！　それにしてもすごい！　激動の人生ですね……！

**岡田**　うん。フジテレビで労働組合を作って、トバされた時もまた何となく、なりゆきでドラマ制作のほうに復活しているんですよね。「トバされて」って言うと語弊があるんだけど（苦笑）、それから8年くらい経って、ある日突然にタコ部屋みたいなところに異動させられて。結構不遇の時代だったねぇ。2年半、一日中仕事のない日が続いたんですよ。

**村治**　えー！

**岡田**　いまで言うと、もう完全にリストラ部屋（笑）。当時は、リストラっていう名前なんてなくて、「経営資料室」って言ったんだけれど、室長という人がひとりいて、あとはもういわゆる社内で〝ボスってた〟とんがってる連中がぞろぞろ入れられて。机は一応、１人１つずつあるんだけど。

**村治**　〝ボスってた人〟って面白いですね（笑）。

**岡田**　目を付けられてたヤツら、ということね。映画監督になる五社英雄なんかもいたんです、まあ、五社は短気だから（笑）、もうすぐ嫌になって辞めちゃって。ほかのヤツらも、出社してもしなくても一緒だから、すぐに局に来なくなっちゃったんだけれどね。

**村治**　お給料は普通にもらえるんですか？

**岡田**　もらえる（笑）。僕は半分意地で毎朝９時半にかならず行って、それで机に座って、本を読んで。お昼に蕎麦を食べて帰ってきて、また本を読んで。その後、適当に社内をぐるぐる散歩して、５時半に

**村治**　「はい、お疲れ様でした」って帰る。毎日。

**岡田**　半分、意地とおっしゃいますけど大変……。

**村治**　それがね、やってるうちに非常にこれが居心地がいいんです。何もしなくてもお給料も入ってくるし。

**岡田**　はー！　そうだったんですか！

**村治**　ところが、そうしているうちに、局内の改革が行われて、急に制作現場に呼び戻されることになったんだけれどもね。その時思ったのは、僕はやっぱり五社みたいにはできないタイプなんだな、と。だから「なりゆきに任せて、しばらく行ってみよう」と思ったわけ。本当に駄目なら辞めるけど、「ちょっとどういうふうになるかわからないけど、とにかくいま置かれた環境に浸かってみよう」というのかな。

**岡田**　すごいなぁ……。太郎さんが本当に経験されてきたことだから、こんな人生を送られてきた方の言葉だから、なりゆきっていう言葉がスッと入ってきたんでしょうね、私の中に。

**岡田**　いや、僕はもう流れに身を任せただけだからね（笑）。

## 「ひとりでできる仕事」の面白さと幸せ

**岡田**　佳織ちゃんの仕事はいいな、と思うのは、僕なんかの仕事っていうのは、やっぱりどうしてもひとりだけじゃできないわけですよ。ひとりがいくら優秀でも、周りのスタッフが悪ければうまくいかないし、スタッフがいくらよくても、監督がダメだったらダメだし。もうとにかく、ひとつ作る作業にたくさん人が関わらないと進まないでしょう?

**村治**　ええ、そうですね。

**岡田**　だから、ディレクターであってもプロデューサーであっても、共同作業のあくまでも一員なわけ。チーフではあるけど。やっぱり総合的にみんなの力。でも佳織ちゃんの場合は、やっぱりソリストだから。ひとりで演奏できる。

**村治**　ほかのギタリストの方や、ほかの楽器の奏者の方とご一緒の場合もありますが、たしかに基本的には、ひとりですね。

**岡田**　これがドラマを作っていた僕の感覚と、「ちょっと違う世界なんだろうな」と思いますね。とにかくひとりでギターを持っていれば、それで仕事になっちゃう。そういう意味で「いいな」って。自分がやりたいようにできる、ってね。

**村治**　太郎さんのお仕事は、どちらかと言えば指揮者に似てるかもしれないですね。確かにひとりでできるということには、私自身、幸せを感じてますね。

**岡田**　ソロ・コンサートなんてまさに、ね、自分の好きなようにというか。

**村治**　表現にしてもそうですね。だから、楽器との一体感っていうのがすごいですね、私は。ギターと信頼し合ってるという感覚が。

**岡田**　俳優なんかも、うちの奥さんなんかも、ひとりじゃできないわけですよ。ひとり芝居や朗読なんていうのもあるけども。やっぱり、みんなと共同の中で作り上げていくものだから、俳優の仕事は特にね。

**村治** だから、やっぱり素晴らしい世界にいるなぁと。ひとりだから「こういうふうに弾いてみようか」とか「いや、こっちのほうが面白いからこっちにしよう」とかって、いろいろできるんだろうと思うよね。

**岡田** 太郎さんには、そうやってこれまで何度もひとりの演奏を聴いていただいて、サントリーホール大ホールでの公演にもいらしていただく予定なんですが、そんな太郎さんから見て、舞台上の私、どうですか？（笑）振る舞いだったり。

**村治** いいですよ。僕は演奏自体はもちろん、とてもいいというか素晴らしいと思いますけど、一番最近、軽井沢で聴いたのなんかも、ちょっと「いいいな」と思いましたね。何がいいかって、「気張ってない」っていう感じがして、それがよかったですね。

**岡田** 『人生のメリーゴーランド』とか『アルハンブラの思い出』を演奏した時の。

**村治** そうそうそう。まぁ何でもそうですけど、大体「やってやろう」とか、「よし、行くぞ」とかっていう感じの演奏は聴いていても、場の空気にマッチすればいいけれど、マッチしない時に「うーん……」と感じてしまうんですよね。それが、この間の佳織ちゃんのギターすごく心地良く聴けたなぁ。なんか非常に優しい感じでした、音が。

**村治** ちゃんと届いてるなぁ……。嬉しいです。軽井沢という地で、おふたりが目の前で聴いていてくださって、もう満ち足りた、そして感謝の気持ちを持って、あの時は演奏していたので。もちろん、「弾いてやろう」なんて1ミリたりとも思ってなかったので。

**岡田** 本当に優しい感じがした。「おぉ……今日の佳織ちゃんの演奏はいいなぁ」と思ったよ。

**村治** 嬉しい！　ありがとうございます。ところで太郎さん、私、デビューから25年を超えて、四半世紀以上もギターを弾き続けてきて……。

**岡田** え!?　佳織ちゃんそんなにやってるの!?

**村治** はい。やらせていただいてます（笑）。これからの25年に向けて、

**岡田**　4回り年上の大先輩からひと言、いただきたいのですが？（笑）

**村治**　ひと言っていわれてもねぇ……うーん……「ろうたけて」という言葉を知ってますか？

**岡田**　ろうたけて……？　初めて聞きました！　どんな意味なんですか？

**村治**　「臈長けて」と書くんですが、意味はまぁ「色っぽく」というような感じですね。女性の品のある美しさを表すような言葉ですけれど。

**岡田**　すてきな言葉！　その言葉を私に今日プレゼントしてくださるんですか？　これからの私に？　嬉しいです！

**村治**　「色っぽくなってほしい」ということだね、要するに。それは容姿もさることながら、演奏もね。

**岡田**　容姿も演奏も充実させる……はい、がんばり過ぎずにがんばります。

Part.3

# 大切なこと
# 生きるということ

# それが、愛

2013年に、私は大きな病気をして、7月から1年間、一切の音楽活動をお休みしました。

大きな病気をした時のことを私はこれまで詳しく話したり、お伝えしたりしてきませんでしたが、それは私なりの考えがあってのことなんです。

もちろん私の経験や考えを細かくお伝えしようと思えばできますし、いま、こうして「初めての本を書く」という機会をいただいたわけですから、病気のことも書いたほうがいいのかもしれません。

「もしかしたら、同じような状況にいる方々に私の話が少しはお役に立つのかもしれない」

そういう考えも浮かびました。

でも結局、「そうしない」と決めました。

なぜなら、それが私の大切な人――母を悲しませることになるからです。

母は、自分の娘がまさかそんな大きな病気になってしまうとは思っていなかったと思います。きっと「代われるものなら代わりたい」と、思っていたんじゃないかな……。

本当に、本当に心労をかけたと思います。

親になったことがない私には、母がどれほどつらく悲しい思いをしたか想像がつきません。もしもこの本のページをめくるたびに、母が悲しい出来事を思い出すことになったら……。何かを「思い出す」ということって、時に心の癒やしになるものですが、それと逆に、ささくれを無理矢理に取ってしまうような感覚を呼び起こすこともあるものです。

私にとって初めての本。そんな記念すべき作品が、私の一番近くにいる大切な人を悲しませることになったら本末転倒。文字を読んでいてうれしいもの、楽しいものにしたいと思いました。読者の皆さんにとっても、私にとっても、そして母にとっても。

2014年9月に演奏活動を再開してから、だいぶ時間も経ちました。

病気になったことも、自分の人生に起きたひとつの出来事、経験として受け入れて、私の心の中ではすっかり消化してしまっています。

でもそれは私の心であって、人の心、心の中に流れる時間は、それぞれだと思うのです。

そんなわけで。

病気を経験して感じたことや療養の日々に大切にしていたことなどお伝えしたいことは書いていこうと思いますが、病気そのものや経過については詳しく書かないことにしました。

少なくとも今回は。

それが、産まれてからこれまで無償の愛で私を支え続けてくれている母への、私のせめてもの恩返し。それが、私なりの愛だと思っています。

## 「わからないこと」も受け入れる

「まだまだ先のこと」なんて思っていた自分の命に関わる問題が30代の半ばにして、私の目の前にやって来ました。

「なんで私が？」

「どんな治療をするの？」

事実がわかって、できる限り自分の体に起きていることを理解しようと、先生方はじめいろいろな方にお話を伺ったり、自分なりに調べたりもしました。そんな中で、改めて思い知ったのです。

「人生は、わからないことだらけなんだな……」

わからないことだらけの中で闇雲に、

「どうしてそうなったの？」

「これからどうなるの？」

そういう問いかけをし続けても、仕方ないと思ったのです。

結局、同じところをぐるぐる回るだけで、前向きな感情やポジティブな考えって浮かんではきません。

だから、その時に私が行き着いた結論は、とてもシンプルでした。

「なんでそうなったかは、わからなくていいや」


誰でもそうだと思いますが、私自身も10代、20代――いまよりも若い頃は「わかる」ことをずっと求めていた気がします。

「コレがわかるようになりたい」

「アレを掴んで成長したい」

「わかりたい」とか「知りたい」ということは人間にとってごく自然な欲求ですから、それはごく当たり前のこと。私も自分自身、自分の回りで起きるあらゆることを、ひとつ残らず理解していくことが、周りの期待に応えられることだとも思っていましたし、そういう自分でいることをずっと優先させて生きてきました。

でも、いつもそうできるとは限らないんだな、って。

だって「人生はわからないことだらけ」なんですから。

「わからないことは、わからなくてもいい」

そして、

「わからないことも、受け入れる」

もっと噛み砕いて言えば、わからないということをそのままにしておけるようになった、とでも言うのでしょうか。わからない自分自身も受け入れることも大切だと気づけたんです。病気と向き合う毎日の中で、私の中にある「受け皿」が少し大きくなったのかもしれまません。

「生きる」ということって、自分の「生」を受け入れる、ということだと思うんです。産まれてきた赤ちゃんが、小さな口から空気をめいっぱい吸い込んで大声で泣く――その瞬間から、この世で一定期間を生きていくことを受け入れていく。それと対極にある「死」ということも、ある意味で受け入れることなのかもしれません。

人の一生は受け入れることに始まって、受け入れることで終わっていく。いいことも悪いことも、好きなことも嫌いなことも、わかることもわからないことも、全部受け入れ続けるしかないんだなぁって。一体、生まれてから死ぬまでの間に、人はどれだけのことを受け入れていくのか……気が遠くなりそうですね。

でも、そう考えると、いろいろなことを受け入れるって全然特別なことではなくて。案外、簡単なことなのかもしれません。

# 静かで小さく豊かな世界

「人生では、誰でも挫折を経験する」

こんなふうなこと、よく言われることですね。

「挫折した時、その挫折にどう向き合うか」

これもよく言われることですが、私がひとつ挫折について言えることは、まさしくこれです。

病気をするまで、私は挫折を感じたことがありませんでした。

これは決して自慢ではないのですが、少なくとも、ギターのことで「無理だ」とか「できない」と思ったことはありません。

「私って……挫折らしい挫折したことないなぁ」

挫折を望んでいたというわけでもないのですが、かと言って、それを手放しで喜ぶ……ということでもなく、ただそう漠然とそんなふうに思っていました。

何をもって挫折とするかは、人それぞれだと思いますが、私にとって挫折とは、「1ミリも望んでいない状況が目の前に立ちはだかった」ことです。

私はそれまで、ギターのことだけでなくあらゆることで、自分の考えがある程度かならず反映される毎日を過ごしてきました。それが、自分の意志とは関係なく、強制的に休まざるを得ない状況になったということは、全く経験したことのないことでした。

「これが挫折というものか……」

いま思えば、病気になったということが、私にとって生まれて初めての、そしてこれまで唯一の挫折だったと言えるのかもしれません。

2回経験した右手の神経麻痺の時は、「弾けない」ということにはなりましたが、挫折とは感じていませんでした。治ったら、すぐに活動を再開させよう、と私も周りも当たり前のように思えたからです。

今回の病気はやはり大きなものでした。

とても順調な経過をたどってはいましたが、経過観察の道と演奏活動の道を両立させることは、私には、それこそ体への負担だと感じました。

「楽しみにしてくださるお客様の前に立つ時には、万全の状態でいることを選びたい。お客様のためにも自分のためにも」

「だから、両立はしない」

そうやって私は、挫折を受け入れることにしました。

もう、それまでの流れは一旦ここで終わりです。

また元のスタイルの活動に戻れるのならば、運命がそうさせてくれる。戻れなかったら、それまでだったと思えばいい。

当時の私は、本当にそう思っていました。

私がいようがいまいが音楽シーンはあり続けるし、私がいようがいまいが世の中は常に動き続け、生き続けるのですから。

そのサイクルから抜け出した先には、それまで知らなかった、「静かな世界」「小さな世界」があるのだということを、私は身をもって知りました。

そこも、音楽の世界と同じように豊かで、そして穏やかな世界でした。

こう書くと、何かお伽話が始まっていくような感じですが、ギタリストとしての活動を一切しないと決めた日々は、本当に驚くほど静かで小さかった。それまでは、コンサートで何百人という人に一気にお会いできたり、日々お仕事でたくさんの方達と接していましたが、お会いする人の数もぐっと減って、家族とごく親しい友達や知人だけに。

それは、ぜんぜん寂しいことではなくて。

ひとりひとりの人との交流が濃くなって、お仕事で得られる満足感とはまた別の種類の充足感がありました。

もしも、あのまま静かな小さな世界から戻れなかった人生だったとしても、それはそれで新しい形の幸せが待っていたんじゃないか……といまでも信じています。

運命の流れで、いま、こうしてまた音楽シーンや世の中のサイクルに戻って来て、ギタリストとして活動できる立場に立たせていただいています。こうして本も書かせていただいています。

「できる時には、一生懸命やろう」

「休む時には、心置きなく休もう」

挫折から学んだことが、もしもあるとするならば、この2つの意識でしょうか。

挫折する前よりもずっと、鮮明に、強く、なった気がします。

# 病は気から

誰しも健康な時は、自分の体のことなんてこれぽっちも心配しませんよね。ところがいったん病気になると、私のように、環境ががらりと変わることも珍しくありません。

思いもよらぬタイミングで病気を経験して、医師の先生方をはじめとするたくさんの方々に本当にお世話になった私が、どうしても書いておきたいことがあるんです。

「病は気から」

これは本当に素晴らしい言葉だということ。

目には見えないものですが、私は「気」って、ちゃんとあるものだと思っています。

昔から「陽気な音楽」「気力充実」「活気あふれる」「気心がしれた人」……等々、気にまつわる表現があるくらいですから。昔からみんなそこにあるのを感じていたのだと思うんです。

病気での入院中や通院中、弱っている気や暗い気――まさしく病気の〝気〟を、自分の中に取り入れないように意識していました。

「良くない気はいりませんから！」

そう念じながら病院へ通っていたくらい（笑）。

逆に、医師の先生方、看護師の方々の「目の前の患者さんの症状を良くしたい」という強い気、良い気にしっかり触れようと考えていました。医師の先生方は、たくさんの勉強と大変な経験を積まれてきて、病気を抱えるひとりひとりと向き合われています。過去、そうやって病気を乗り越えた方々の気や経験が先生方から私に注がれて。今度は私の気や経験がまた次の患者さんへと繋がっていくような……。そんなことをイメージしてから、主治医の先生の診察室へ入ることも多々ありました。

なぜこんなにもこだわったのかと言うと、私自身の気をしっかり維持したいなと思ったからです。

患者としての心構えや気持ちをしっかり作っておくことがとても大切だと感じ

たのです。

病院に来ている以上、「患者」であり「病人」ではあるけれど、

「そういう言葉だけで、ひとくくりにされちゃうのは愉快じゃないなぁ……」

よくそんなことを考えたりもしていました。

たとえ患者や病人であったとしても、頭のてっぺんからつま先まで病人というわけではない、と。

「きちんとしっかり動いてくれている健康な細胞だって、体の中にたくさんあるんだぞ……！」

先生方、看護婦の方々から「患者さん」と言われるのが嫌だというわけではなくて。言ってみれば、

「患者も病人も私の一部」

だというイメージでしょうか。

いま思うと、強気と言えば強気な考え方かもしれません。

でも、結局は自分の体。治すのは自分です。

医療の力、医療に関わるすべての方々の力を目一杯お借りするわけですが、だ

からと言ってその誰かに病気を「治してもらう」わけではありません。自分の体の細胞ひとつひとつの「治ろう」というがんばりがあってこそ、乗り越えていけると思うんです。

自分の心で、自分の体を応援する、というのかな。

「病は気から」の大切さは、これからどんなに医療が発達しても変わらないんじゃないかな。きっとそうだと思います。

# 体が一番、心も一番

私はこれまでの人生の大半、どちらかというと体については二の次でした。心のほうが大事で、「体はまぁ放っておいても大丈夫」と考えていたところがあります。元々、健康に産んでもらえて、それまで大きな病気もしてこなかったということもあり、

「多少無理をしても体は心に寄り添ってきちんとついてきてくれるものだ」

という意識が根付いてしまっていたのかもしれません。

体ちゃん、本当にごめん。

体も心と同じように大切で、ふとした拍子に傷ついてしまうものなんだとわかったことで、私の考えが変わりました。「心と向き合うことこそが何より大事」だと思っていた自分から、ひとつ階段を上がれたな、という感じです。

活動休止をお伝えする文の中で〈体を第一に考え――〉という一文を入れたのは、その気づきに基づく決意表明でもあったわけです。

その有言実行ということで、活動休止になってからしばらくの間は、心よりも何よりも、体を最優先しました。

「○○したいな……」

という欲望が浮かんだ時に、それが体にとって刺激になりそうだったり、負担になりそうな気がした時は、ストップすることを心がけました。

一番我慢したことは、「誰かに会う」ことかもしれません。

会いたい人たちはたくさんいましたが、誰かと会うのはそれだけでその時の私には刺激でしたから、日常的に会うのは最小限の方々だけに。その分、ひとりひとりとそれまで以上に濃密な交流ができたのは、思いがけない喜びでした。

食べることも我慢です。元々食べることは大好きなのですが、とある名アドバイザーの先生から体を元気に保つ食事法を教わり、肉や魚、コーヒー、甘いもの、揚げ物……等々、体に対して刺激が強いであろう食品は控えました。

休養して3か月目くらいでしょうか。そこまでがんばった自分へのご褒美、として、カフェで豆乳オレを注文した時の嬉しさといったら……！　あの時の気分はいまもよく覚えています。

人と会うことや食事以外も、体に負担がかかりそうなことからは、できる限り距離を置きました。

例えば、いまこうして楽しんでいる「書く」ということもそのひとつ。

休養中の心境を書いて残しておこうかとも思ったのですが、言葉を思い浮かべたり文章をあれこれ考えることもある意味刺激です。

「ぼーっとしたり、何も考えず楽しいことをしていたほうがいいのかな……」

コメディ映画の『Ｍｒ．ビーン』を見て大笑いしたり、私が中米・コスタリカへ旅をさせていただいたドキュメンタリー番組のＤＶＤを見ては色鮮やかな動物たちや濃い緑色の植物、絶景の映像に癒やしをもらったり……。

体あっての心。

心あっての体。

どちらが欠けてもバランスはとれません。そんなバランスが崩れた状態が病気だということなのかもしれません。

心のほうに偏りすぎた私の重心を、体のほうへ戻してリセットする――。私にとって休養期間はそんな時間だったのかな、とそんな気もするんです。

NOISE

昼下がり
ちっちゃな家族と

2019年夏に村治家の一員になった
ポメラニアンのレインボー（♀）。
ヤンチャなところは飼い主に…!?

# 人に甘える

誰かに甘えることって、良い意味でとらえられたり、使われたりすることがそう多くありません。どちらかと言えば、ネガティブなイメージ。

私自身、「甘える」という言葉に対してはネガティブな印象が強かったかもしれません。これまで、本当に多くの方々にお世話になっていながらも。「お世話になる」ということと「甘える」はどこかに境界線があるような。「似て非なるもの」という感覚だったからです。

そんな感覚を持っていた私が周りにいる人たちに甘えに甘えたのは、２０１３年の夏から、でした。

「弱ってしまった時は、ためらわずご厚意に甘える！」

「甘えさせてもらおう……！」

人生で初めての大きな病気をして、そう決めました。きっぱりとそう決められたのは、それまでの間、「自分ができる〝頑張り〟はしてきた」という自信があったからです。プロの演奏家として、常にコンサートを行えて定期的にアルバム制作もさせてもらえる環境を理想的な活動とするならば、私はそれを20年間続けてきました。


何も、第一線で続けてこられたことを自慢したいのではありません。

「続けてこられた」だけで、十分に幸せだと感じたのです。

先のことは何もわかりませんでしたが、

「たとえこれまで通りの演奏がこの先できなくなったとしても、いままでの自分と自分がしてきたことには十二分に満足できる……!」

「いま、こう思えるだけでも頑張ってきて無駄じゃなかったな……」

ずっとポジティブな気持ちになれたんです。

ネガティブな考えに囚われることがなかったのは、「何でもポジティブに受け止める」という考え方が私に染み込んでいたからです。困難や苦難に直面している時でなくとも、普段から「物事を良いほうから見る」ということを、音楽を通じて活動を通して徹底的に身につけてきました。

だからこそ、大きな突然の挫折に見舞われても、ポジティブな考え方が私を支えてくれたんです。「自分で自分を誉められる」というのかな。

前向きな思いが湧いてくる心を保てた私、ちょっとだけエラいっ！（笑）

もうひとつ。

自分自身がポジティブでいることの良さって、自分のためになるだけではなくて。「この人のために何かしたい」と、行動してくださる方――私にとって大切な人たちと、心の深い部分でより一層しっかりと繋がれるようになるんです。ネガティブさは、大切な人たちからの真心を受け取る時に障壁になってしまう――そんな感覚でしょうか。

大切な時間を私のために使ってくださることが、どれほどありがたいことなのか。それまでの音楽活動でも十分に心を感じていたつもりでしたが、仕事抜きに、音楽抜きに、私という人間そのものを大切に思ってくださる方々からたくさんの真心をいただきました。命が一番の焦点となった当時の状況で、それまで感じたことのないような「直心《じきしん》の交わり」を感じることができたのです。直心の交わりとは、茶道の言葉で「相手を思い心を寄せる」という意味です。

「命が一番大事。仕事のことなんて一切考えなくていいんだから」

「もし今後、生活に支障をきたすことがあればサポートするよ」

「東京を離れていたほうが気分的にもゆっくりできるのでは？　京都でよかったら滞在場所は提供するよ」

みなさんの真心に甘えて、一切のスケジュールを白紙にして復帰の時期も決めないことにしました。

何も予定を決めない。

足の向くままに近くを散歩する。

気になるお店があれば入ってお買い物をする。

毎日、私自身のことを一番に考えて生活する。

シンプルな生活の中で、なんだか満ち足りたような気分を毎日味わいました。

「過去のことも未来のことも考えずに〝いまだけを楽しむ〟って、なんて心地良いんだろう……」

休養中、そんな瞬間に何度も何度も出会えました。みなさんの厚意に甘えなかったら、あの時間を過ごさなかったら、知りえなかった感覚です。これからもっと歳を重ねておばあちゃんになっても、いつもこんな感覚を味わえていたらどんなに素敵でしょう。だから、あの数年間は、私にとって決してマイナスではなかった、と、いま振り返って思います。

「人に頼るのはなんだか申し訳ない」

「どうしても強がってしまう」

そんな人こそ、甘えてみて欲しい。

人の真心を素直に受け取って触れて、初めて見えるものってきっとあると思うから。

私も誰かに甘えられる、そして、誰かを甘えさせられる人でありたいな、と思うんです。

## 本屋さんと空

復帰にあたっては、大々的に復帰を宣言したり、復帰を謳って公演をすることもなく、じっくり取り組むことがきちんとできました。私らしいマイペースぶりを貫徹することができた感がありますね（笑）。

これは昔から「そうありたい」と願っていたことなのですが、思いを貫けた自分に何かメダルを贈りたいくらい。金色……というよりは、きれいなクリスタル色のイメージでしょうか。

そうやってマイペースで生活する中で、

「病気をする前の〝感覚〟が戻ってきた……！」

と瞬間的に思うことが何度も何度もありました。

その感覚というのは、「〝自分が病気をした〟ということが頭にこれっぽっちもなく、日常の時間を送れている」状態のこと。

自分自身、その感覚を一番味わえた場所は本屋でした。

休養中も散歩の途中などに、ちょくちょく本屋には寄っていたのですが、以前なら直行していた女性誌や小説がある棚には、どうしても足が向かないんです。なぜなら、私の心が、おしゃれや洋服、物語に興味を持っている場合ではなかったからなのだと思います。

その頃、私が何より気になっていたのは健康本の棚。

本屋に入ると、真っ先にそのコーナーへ行って、有名な先生が綴られた食事の本や、「スープ1杯で人生が変わった」という方の本、体の成り立ちや仕組みの本……等々にふんふんと目を通しました。

そういう本を手にすると、心への余計な刺激もなく、じんわり安心しましたし、体を一番に考えて生活している者としての自然な行動である気がしていたんです。

ところが。

ある時、いつものように散歩の途中で本屋に立ち寄ったある日の昼下がり。ハッと気づいたんです。

何も考えずに小説のコーナーで気になる本を手にとってパラパラと眺めたりしてる自分に。

「あ！　こういうのって病気する前の感覚だ……！　行動だ……！」

「あぁ……戻ってきたんだな……こういう時間が……！」

こういう発見は何よりも嬉しいもの。

自分の心がじわりじわり喜んでいるのがわかって、誰かと喜びを共有しなくても、十二分に幸せです。自分の中の自分と喜びをわかちあえている、そんなイメージでしょうか。

こんなふうに、少しずつ1歩ずつ、以前の感覚と、「病気をしっかり治していく」ことが常に頭にある休養中の日常の感覚との比重が変わっていき、２０１６年を迎える頃には、もうすでに生活の中のいろいろな感覚が自分の中に戻ってきているると実感していました。

そのきっかけになった出来事がありました。

あれは、２０１５年の年末――12月１日か２日だったと思います。その日、東京は雲ひとつない晴天でした。

何の気なくその空を眺めた時、ふっと思いが浮かびました。

「空の青さが美しいなぁ……」

その瞬間でした。

「……わぁ！　これも元に戻った！」

ひとり、急に感動してしまったんです。

休養したての頃は、同じように青い空を見ても、心に、まず「病気になった自分」というフィルターがいつもかかっていましたから。

「あのフィルターが外れている‼」

そう気づけたあの瞬間の感情、そしてあの空の青さを、私はきっとこれからも忘れません。

# 私の故郷《ふるさと》

「故郷《ふるさと》」と聞いて皆さんは何を思い浮かべますか？　海や山といった自然を思い浮かべる方もいるでしょうし、あるいは田んぼや畑、何気ない街角を真っ先に思い浮かべる方もいると思います。

私は東京の下町で生まれ育ちました。だから、こうしたいわゆるごくごく普通の故郷の思い出がありません。ノスタルジックな故郷や郷愁への憧れというか、ずっと故郷と呼べる場所がある方々を羨ましく思っていました。

それがある時、ふと気づいたんです。

「コンクリートジャングルなんて呼ばれるこの大きな街こそ、私の故郷だと思ってもいいんじゃない？」

って。

そう、発想の転換。私にとってのパラダイムシフトでした。

一度、新しい感覚を得て見方が変わると、ムクムクと新しい考え方もわき起こってきます。

「故郷が、かならずしも〝うさぎ追いし　かの山～♪　こぶな釣りし　かの川～♪〟である必要はないんだ……！」

「童謡の『ふるさと』から与えられていた〝故郷〟のイメージってそれだけ強いものなんだなぁ……やっぱり名曲だなぁ……！」

「故郷にずっと住めるっていうことは、これもひとつの幸せだよなぁ……」

普段、散歩をしたり、何気なく東京の街を歩いている時に、そうしみじみ感じられるようになりました。

長く海外にいたり演奏旅行に出たりして東京を離れることも少なくありません。長旅を終えて帰ってきて、人混みや迫り来る高層ビルにウンザリしながらも、やっぱりどこかホッとしている自分に気づくんです。滞在先がどんなに好きな場所、好きな街だったとしても、どこか落ち着かない感覚。

「やっぱり東京が私の街だなぁ」

私と同じように「故郷がない」と長年嘆いてきた東京出身の友人も、村治的新解釈に激しく同意してくれました。

「確かに！　そう考えたことがなかった……！」

出身地と現在の居住地が変わらないと、私や友人と同じように「故郷がない」感覚を持ちやすいのかもしれませんが、「故郷は誰にでもある」のだと思うんです。

そしてもうひとつ。私には「故郷」という言葉で浮かんでくる大切な思い出があります。

「ステージという〝第2の故郷〟に戻ってこられて本当に嬉しいです」

私にとって、とても大切なこの言葉が、口から自然に出てきた２０１４年９月16日――２０１３年７月に活動休止を発表して以来、約１年２か月ぶりに大勢の方々の前でギターを弾かせていただいた日のことです。

場所もはっきり覚えています。

有楽町にある東京国際フォーラム・ホールＡ。

ある映画のジャパンプレミア試写会に私も登壇者のひとりとして参加したのです。その映画の主演を務められていたのは吉永小百合さん。そして私はこの映画の楽曲『望郷』を担当していました。

小百合さんと、もうおひとりこの映画に出演されている笑福亭鶴瓶さんのおふたりの間に立たせていただき短いトークセッションをすることから、ステージでの新たな第一歩が始まりました。

吉永さんは活動休止を決める前から、いつも私を励ましてくださり、休止中も一番近いところで私を見守ってくださっていました。鶴瓶さんも新聞に活動休止のことが載ったその日に共通の友人のところに、「村治、大丈夫か？」心配してわざわざ電話をくださいました。

「あんなにお忙しい鶴瓶さんが気にかけてくださっている……！」

後から友人からこのことを伝え聞いただけで、私はすごい元気をいただいたんです。

あのお電話からおよそ1年後――。

「今日、こうして元気な姿を小百合さんと鶴瓶さんにお見せすることが出来る……！」

そう思いながら、先にトークをステージで始められたおふたりの姿を舞台袖から見ていました。

自分が元気で健康面の不安なく、この日を迎えられたことに心から感謝していましたし、そんな新たなスタートを、

「大好きなおふたりとご一緒の場所から始められるなんて……」

「何と幸せなことだろう……！」

と思いました。この時のことを、私はきっと一生忘れないでしょう。

元々、緊張はしても頭が真っ白になることはないタイプなのですが、この日だけは私にとっても特別な日でしたし、おふたりにとっても大切な場です。

「もし、ガチガチになってしまって楽しめなかったら本当にもったいない……！」

「そういうことが絶対にないように……！」

そう念じながら、おふたりに招かれて、ステージの中央へ１歩ずつゆっくりと歩いて行きました。

「ステージという〝第２の故郷〟」

このひと言は、その３人での短いトークセッションの中で、ふいに私の口からこぼれた言葉でした。

小百合さんからの質問に対してとっさに答えたのですが、事前に考えていた言葉ではなくて、その瞬間、自然に生まれてきたのです。

その日、ステージに上がるまでに、久しぶりの会場入り、久しぶりの現場の雰囲気、馴染みのメイクさんとの久しぶりの再会、もちろん誰かに舞台のメイクをしていただくのも久しぶり……と、たくさんの〝久しぶり〟をたっぷりと浴びていたからなのかなぁ、と思います。

「あぁ帰ってきたんだなぁ……」

ステージに立った時、そんな感情が私の中にわいたのです。そしてその感情が、「故郷」という言葉を引き寄せたのかもしれません。

トークセッションのあと、『望郷』を演奏しました。

仕事復帰という意味では、このステージ以前にレコーディングをこなしていましたが、あれほどたくさんの方々の前で演奏するのも、もちろん久しぶりのこと。それでもガチガチにならずに済みました。

なぜなら本当に心のそこから、楽しくて嬉しくて、あたたかな時間だったからです。

一音一音に集中しつつ広い会場の空気を感じていると、小百合さん、鶴瓶さん、そして会場にいる皆さんが、静かにギターの音色に耳を傾けてくださっていることが伝わってきました。

緊張を上回れるくらい、楽しい気持ちや周りの人たちへの感謝に意識を向けていると、自然と無駄な力が抜けていくような気がする——そう思います。

早いもので、あのステージから5年以上が経ちました。あの日の経験を経て、「生まれた場所、子どもの頃に過ごした場所だけが〝故郷〟じゃないんだな」そう思うようになりました。

ひとつ、2つだけじゃなくて、3つあってもいいし10個あってもいい。誰にでも、その人だけの故郷ってきっとあるんです。

みなさんの故郷は、どんなところですか？　どれくらいありますか？

私もこれからの毎日の中で、第3、第4……と、自分の「故郷」をたくさん見つけていけたら、と思っています。

## 私の好きな「香り」たち

「散歩の途中でも植物や花につい目がいってしまう」という村治さん。フレグランスは、DIORの『OUD ISPAHAN』、JO MALONE LONDONがお気に入り

# 私をいつも見守ってくれるもの

自宅リビングにいる子たちを特別公開。ギタリストの渡辺香津美さんにいただいたピンクの象（写真右上）、吉永小百合さんから贈られた白熊（同下）と一緒に、大切な友人から贈られた「世界に1つしかない」というちょっと不思議な人形（同左上）も村治さんのギター練習をいつも見守っている

# 心を保つ

10代の頃は、ずっと「変わりたい」という気持ちが強かったことを覚えています。

20代では「変わるものと変わらないもののバランスをうまくとっていきたい」という思いになりました。

30代になると、「常にこの心を保っていきたい」と思うように、だんだんと変化してきました。


およそ4か月にわたってこの本の執筆を進め、佳境に入ってくる頃、「こうした心のあり方を書くというのが、この本の根底に流れるテーマかな」という思いがしてきました。

心という目には見えないもの。目に見えないものを言葉で表すのは限界があるように感じられるけれど、でも、それでも表現してみよう。

そう思って、書いてきました。

目に見えないだけでなく、人の心は移ろいやすいものです。心だけでなく、体も変わっていきますし、自分自身だけでなく周りも刻一刻と変化していくわけですから、人は変化し続けていくものなのでしょう。意識する、しないに関わらず。ですから、いまこうして書いていても、文字や言葉にした次の瞬間には、もう、流れが少し変わってしまっていたり、まったく違う考えが浮かんだりすることもあるかもしれません。

「次の瞬間には変わるかもしれない」けれども、本という目に見える形で「残っていく」ことを意識したとき、

「私の中にある考えや感覚の中で、確かなもの、スタンダードなものって何だろう？」

「それってこの先も、きっと変わらないんじゃないかな」

そう思えることにも意識を向けて、言葉を紡いできたつもりです。それは例えば、日々の忙しさで忘れがちな、生きていること、生かされていることへの感謝だったり。

冒頭の「常にこの心を保つ」というのは、私にとってはまさにこの「書く」という作業と同じ感覚なのかもしれません。

「保つ」ということは、「留まっている」「停滞している」という意味では決してありません。説明するのは難しいですが、変化を受け入れて変化しながらも、自分の心は揺るがない――「常にここに在る」という感じでしょうか。

40代に入ったいまも、そうありたいと思っています。

自分自身への誓いとしても、いまここに心を込めて記します。

# 出会いが「私」をつくる

人って不思議、出会いって不思議です。

どうしても気の合わない人とは自然と疎遠になっていくし、なかなか会えない、ほとんど会えない人であっても気持ちの通いあう者同士であれば、心のどこかでいつも繋がっているとも感じられる。ギタリストとしての活動を通してはもちろん、音楽以外のお仕事、プライベートも含めて、私がこれまで出会ってきた人の数といったら信じられないほどたくさん。

コンサート会場で出会うお客様。

サイン会にお並びいただき、ひと言、ふた言、言葉を交わさせていただく方。

コンサートの運営スタッフの方々に、レコード会社の皆さん。

取材で出会うライターさん、カメラマンさん、編集者さん。そうそう！　この本の制作で出会った人たちも。

テレビ、ラジオに携わる方々。

旅で出会う方々。

通りですれ違う人。

電車の中、同じ車両に乗る人。

そこまで入れたら相当な数だけれど、それでも、この地球上に生きている人達の大部分の方々とはまだ出会えているわけではありません。むしろ、出会わないままの方々がほとんど、という事実に、いまさらながら驚愕しています。

世界は広いなぁ……大きいなぁ……。

本当に。

そんな大きな世界の中で、いまこうして出会えている方々とは、多かれ少なかれ何かしらのご縁があるのだと思います。

そして、目の前にいるすべての方々とのご縁をとても大切に思っています。

この本にはそうした縁のあった方々のうち、ほんのごく一部の方ですがお名前を書かせていただいたり、ご登場をいただきました。本当はお名前を書きたかった友達やお世話になった方、もっともっといっぱいいるんです。

「それって、私のことだな」

「あ、僕のことを言ってるな」

何人もの方々が、きっといま、そう感じてくれているはずです。

そんなたくさんの方々との出会いと時間によって、いまの私の一部は確実に形づくられています。私と繋がってくださる、ひとりひとりに心からの感謝を……って、あれ？　なんだか、「あとがき」っぽくなっちゃいましたね（笑）。あとがきは、またちゃんとあとで書きます！　あとがきだけに。

# 目には見えないものだから

東京都台東区にある浅草寺。誰もが知っている、最近では外国の方々にも大人気の観光名所ですが、私の実家から近いこともあって村治家の初詣は決まって浅草寺でした。初詣といっても、お正月の三が日には参りません。それはもう信じられないくらいの激混みなので、あえて4日以降の人出が少し減りだす頃に参るのが恒例だったんです。

家にはお仏壇もあって、お彼岸にはお経をあげていただいて……。仏様の教えはわりと身近なところにありました。

でも中学・高校はプロテスタント系キリスト教の学校へ通っていましたから、6年間毎朝、礼拝の時間を過ごしてもいました。

私のように、特にひとつの宗教を選択することなく、いろいろな神様の教えに触れてきた人って、日本では少なくないと思います。

6歳の時から3年間、一緒に住んでいた祖母も、そして両親も、篤い信仰心を持っているというわけではなかったですから、私も小さい頃はお寺や神社で、手を合わせながらも、「誰に何をお願いをすればいいのか、よくわかんないなぁ……」なんて感じていました。まぁ、「ギターをうまくならせてください！」くらいのお願いはしていたかも（笑）。

そんな私ですが、「〝目に見えないもの〟って、大切だなぁ」ということだけは、年月の経過とともに、はっきり感じるようになってきました。

「この世界がもしも〝目に見えるもの〟だけで成り立っているとしたら、寂しすぎて生きていく気力がわかないんじゃ……⁉」

そんなことを考えてしまうほど。見えないものを感じたり、思ったりすることが好きになってきました。

潔い文章や生き方を知って憧れの方のひとりとなった白洲正子さん。その著作の中で出会った『梁塵秘抄《りょうじんひしょう》』に収められている、

〈仏はつねにいませども　現ならぬぞあはれなる　人の音せぬ暁に　ほのかに夢に見えたまふ〉

という大好きな今様《いまよう》の歌がありますし、明治天皇の、

〈人めには　みえぬものから　かがやくは　こころの底の光なりけり〉

という御製も、ぐっと心に入る瞬間があったり。

大切だからこそ、目には見えないものなんだって。

これまでの25年間で、日本全国、一都一道二府四十三県すべてで少なくとも一度はギターを弾かせていただいてきたのですが、いろいろな街に公演で伺うと、時間を見つけては神社でお詣りをして、土地の神様にご挨拶をするようにしています。その土地々々が持っているパワー――見えない力を肌や空気から感じることってやっぱりあって。

だって、そもそも音や音楽こそ、「見えないもの」ですしね！

音楽と長く接していて、私の中にある見えないものに対する、ある意味で神聖な気持ちが少しずつ育っていって、いま持っているような感覚が身についたのかもしれません。

私にとっても、皆さんにとっても、見えないものを見出す旅は、人生そのものかもしれません。

# なりゆきまかせに

未来のことは計り知れないな、と思います。

だから「これからの目標は？」と尋ねられると、答えに悩んでしまいます。

これからのことは具体的には考えていません。考えないようにしているのかもしれません。

ただ、ひとつ。

いつも思っているのは、「いま、この瞬間を大切にできている」と、いまの私が実感できていること。そしてそれを何十年経っても変わらず、感じ続けていられたらいいな、ということです。

「いま、この瞬間を大切にできている」ということは、言い換えてみれば、「なりゆき」を大事にするということなのかもしれません。

挑戦や成長、進化という言葉から受けるイメージよりも、いまの私にはなりゆきという感覚のほうがしっくりくるし、その感覚を常に大切にできていることが心地良いのです。

　なりゆきですから、これからもきっと、たくさんの人から影響も受けていくのだろうなぁと思います。それこそ、挑戦や進化や成長を大事にしている方々からも、もちろん影響は受けるでしょうし、人同士、お互いに良い影響を受け合いながら、自分自身を大事にして生きていけたら、それは本当に素晴らしいことだと思います。


　こうした影響って、人からだけではありません。生きている限り、自分を取り巻くあらゆるものからも、たくさん影響を受け続けていくんです。

　普段、私が演奏している曲もそうです。

　作曲家自身がすべてのものから影響を受けて生きてきた。その過程の中で曲が生まれたんだ、ということを意識するかしないかでは演奏にも、音にも大きく影響してきます。

　私の大好きな街のひとつに京都がありますが、京都という街からだって影響を受けています。

仲良しの芸妓さんから。
休養中の私に、慈しみをたくさん注いでくださった命の大恩人の方々から。
上賀茂神社や廬山寺などたくさんの神社仏閣の静謐な空気から。
鴨川の水辺の音から。
季節を感じさせてくれる『松』さんの美味しいお料理から。
河原町通り沿いのショッピングセンターから。
本当にすべてのものから、一瞬、一瞬、影響を受けて生きている。
生かされているんだな、と感じます。

これは考えたら当たり前のことだけれど、当たり前っていうのは大いなる勘違いで、本当はこの世の中に当たり前のことなんて、ひとつもないのかもしれません。

私も、ギターを手にしてステージに立つまでに、たくさんの当たり前ではない時間を過ごしてきたのだ、と。
ステージでギターを弾いてお客様に聴いていただくということも、当たり前ではないのだ、と。


人生はそんなふうに、「当たり前ではないこと」の積み重ねですね。

デビューして25年、四半世紀以上が経ちました。

15歳だった私も40代の道を歩き始めています。

そんなタイミングで本を書くことができて、それを読んでいただくという、「当たり前ではないこと」も経験することができました。これもまた、なりゆきの生んだものです。


これからも、なりゆきを楽しんで。1歩ずつ軽やかに。

# すべては誰かとの出会いから

## ――あとがきにかえて

つい先日まで、私は旅先のトルコ・イスタンブールを旅していました。このあとがきも旅の空の下で書こうかとも思いましたが、結局、我が家のテーブルで、2019年の6月から始まった制作の日々を思い出しながら書いています。

この本のプロデュースをしてくださった山口理香さん。出会ったのは私がまだ10代の頃なのですが、20年来の大切な友人でもある彼女は、ことあるごとに言い続けてくれました。

「私、佳織ちゃんの書いた本を読みたい。佳織ちゃんの言葉が好きだから」

その気持ちはとても嬉しかったのだけれど、でも、ギタリストである私にとって、「本を出す」ことは、どうもいまひとつしっくりときていませんでした。

「本……かぁ……。自ら動いて実現する感じのものじゃないからなぁ……」

そんな2019年の初夏。理香さんから連絡がありました。

「ちょっと面白い編集者さんと出会ったから、3人でお茶しよう！」

6月のある日。理香さんと私が銀座のカフェで待っていると、「どうも〜！」と怪しげに、そして勢いよく登場された石井さん。私と「同い年」だと知って衝撃を受けながら（笑）、いろいろお話ししているうちに、その場でトントントンと、この本の内容や出版時期までなんとなく固まってしまったんです！
理香さんの人を動かす情熱と純粋さに心から惚れています。理香さん、本当にありがとうございました。そして制作にお力添えくださった馬場わかなさん、山邊裕之さん、りんさん、恵子さん。笑いの絶えない撮影現場で楽しかったです。ありがとうございました。

いつかまた、言葉の世界で皆さんとお会いできたらいいな、と思います。

2019年11月

村治佳織

撮影　馬場わかな
ヘアメイク　山邉裕之（Rouxda'）
春田 栞（P.148、151・peek-a-boo）
スタイリング　りん りぇん りー
（P.105～108、121～124）
デザイン　酒井好乃（I'll Products）
制作協力　J-WAVE
オフィス吉永
撮影協力　荻野
助六
与ろゐ屋
ロッジ赤石
編集協力　石橋麻衣子（村治事務所）
片岡ひで子（村治事務所）
村治 昇（村治事務所）
プロデュース　山口理香（デルフィー）
編集　石井康博（主婦と生活社）

# いつのまにか、ギターと


著者　村治佳織
編集人　栃丸秀俊
発行人　倉次辰男
発行所　株式会社 主婦と生活社
〒一〇四-八三五七　東京都中央区京橋三-五-七
編集部　TEL　〇三-三五六三-五一九四
販売部　TEL　〇三-三五六三-五一二一
生産部　TEL　〇三-三五六三-五一二五
http://www.shufu.co.jp
製版所　東京カラーフォト・プロセス株式会社
印刷所　太陽印刷工業株式会社
製本所　株式会社若林製本工場





ISBN978-4-391-15401-6